令和の神輿誕生物語
－利根沼田の総鎮守 榛名神社の宮神輿－

石川　恒夫／平柳　利英／木暮　竜太

上毛新聞社

前橋工科大学
ブックレット **7**

『令和の神輿　誕生物語』によせて

前橋工科大学学長　星　　和　彦

　神輿は、担がれた神が経巡るということで神と地域の人びととの交流を生み
だすとともに、神が宿られているということでは祈りの対象にもなっている、
私はそう捉えています。神輿には地域における時間の流れとそこに在ること
の証、生きてきた人々の生きざまを感じとることができるのではないでしょ
うか。

　群馬県の北東部、利根沼田の総鎮守、榛名神社の宮神輿、この本の主人公
はその神輿そのものです。その存在なしには、この物語は始まりません。日
本にどのくらいの神輿があるのかはわかりませんが、この宮神輿の固有性は
何なのだろうか、興味を引かれるところです。それに加え、神輿とそれを核
とした文化を今日まで継承してきた、さらにこれからも新たな歩みを重ね支
えていく、沼田市の地域と伝統の力、それも主人公として考える必要がある
と思います。地方の衰退が話題となる昨今、この物語は地方都市の今後のと
りうる姿のひとつを表しているといえるからです。そしてこうした刺激や力
に触発された大学の知、それも主人公のなかに含められるのではないでしょ
うか。地域とともに大学はどのようにあるべきか、それに私たちは応える必
要があるからです。神輿のもつ魅力は何か、どのように感じられるかを解明
し、その制作を記録するとともに、神輿と地域のアイデンティティを明らか
にしていく、この主人公たちの関わりのなかから、本書は生まれました。

　この本を読ませていただきますと、人の縁の大切さと、潜在力とでもいう
べき不思議な魅力を感じることができます。小さいとはいえ、神輿は一人の
力でできるものではありません。造営を請け負われた鞍城建設、石坂社長を
はじめスタッフの皆様の熱意、また大工として携わられた勾匠社寺建築、小
野棟梁をはじめ、多くの職人さんたちの経験と知恵と技、そして地域の育ん
できた歴史といまも息づく力、神輿の令和における制作は、こうした様々な
要因の結実といえます。そのなかで、この神輿の設計・製作に関わられた小

野棟梁は前橋工科大学の前身、前橋市立工業短期大学を卒業されたと伺いました。この作品は、宮大工として修行を積まれ、長年仕事をされてきた棟梁のひとつの形の成就であると思われます。工業短大で学ばれたことも役立ったとするならば、それは本学にとって、また本書の誕生にとっても幸いなことであったと思われます。

　一方、本書を執筆された石川教授が、工科大で教育と研究に携わられていることにも縁を感じさせられます。石川教授は、建築家、建築歴史家であり、かつ思想家でもあります。建築家、デザイナーとしての眼から、神輿の材料や構法、神輿に表現されているあるいは潜んでいる美を、きわめてわかりやすく、また活きいきと説明されています。そして文章の節ぶしには、建造に関わられた方々に対して抱かれた共感を読みとれるものともなっています。他方、歴史家としては、地域の歴史と神輿の由来や役割を的確に記述され、実際にどのように建造されていったのかを図面に表現し、ルポルタージュとしてまとめています。さらに、専門とされている西洋建築の研究をも基礎としながら、日本建築としての神輿、そこに表された人びとの意志と意図や神輿にこめられた情念を語っています。石川教授が群馬にいらしたことが、本書を生む契機となったといって良いと思われます。日本建築史の専門家の神輿の解説とは異なる、多様な視点からの神輿の解題、いわば解剖は、建築物としての神輿にこれまでにない生命を与えており、とても新鮮で独自の日本建築史観を感じさせるものとなっています。

　前橋工科大学は地方の公立大学です。その位置づけから、本学に求められる役割のひとつは地域貢献にあります。大学が地域に果たす役割には色々な形が考えられ、工科大の教員一人ひとりで特徴あるものとなっていますが、これまでは主に工学をとおした、ものを製作するという方向であったといえます。この本でとられた方法、すなわち文化の実相に迫り、またそれを丁寧に記録していく方法は、これまでにはないものといえるだけでなく、地域のもつ個性と活力の維持と発展にとって、大きな意味をもつものとなっています。それが大学の事業として、ブックレットという形で世にでることも意義あることといえます。多くの方が手にとっていただければ幸甚に存じます。

目　　次

榛名神社　令和の神輿　（写真：榛名神社）

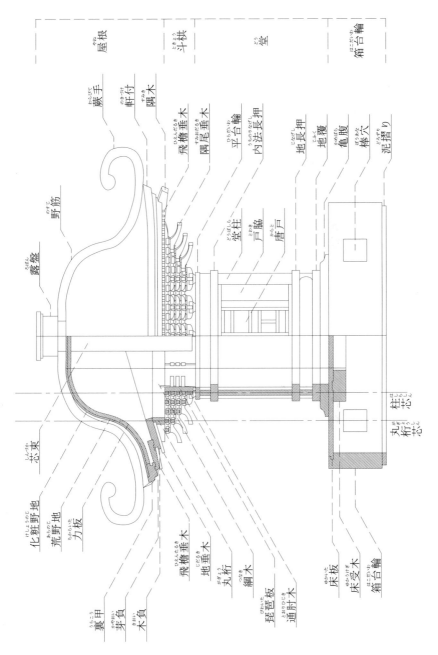

屋根 (やね)

斗栱 (ときょう)

堂 (どう)

箱台輪 (はこだいわ)

蕨手 (わらびて)

軒付 (のきづけ)

隅木 (すみき)

飛檐垂木 (ひえんだるき)

隅尾垂木 (すみおだるき)

平台輪 (ひらだいわ)

内法長押 (うちのりなげし)

地長押 (じなげし)

地覆 (じふく)

亀腹 (かめばら)

棒穴 (ぼうあな)

泥摺り (どろずり)

野筋 (のすじ)

露盤 (ろばん)

堂柱 (どうばしら)

戸脇 (とわき)

唐戸 (からと)

柱芯 (はしらしん)

丸桁芯 (がぎょうしん)

化粧野地 (けしょうのじ)

荒野地 (あらのじ)

力板 (ちからいた)

芯束 (しんづか)

裏甲 (うらごう)

茅負 (かやおい)

木負 (きおい)

飛檐垂木 (ひえんだるき)

地垂木 (じだるき)

丸桁 (がぎょう)

綱木 (つなぎ)

琵琶板 (びわいた)

通肘木 (とおりひじき)

床板 (ゆかいた)

床受木 (ゆかうけぎ)

箱台輪 (はこだいわ)

神輿・立断面図（名称）

1章　令和の神輿─榛名神社にて

1－1　神輿の新調

　群馬県の北部に位置する沼田市。前橋から高速道路を北上していくと、やがて視界は開け、ゆるやかに曲がる片品川橋を渡り、利根川やその支流の片品川、薄根川により形成された日本有数の河岸段丘の地形が認められます。赤城山や武尊山（ほたかやま）などの山々に囲まれた自然豊かな町です。沼田氏が1532（天文元）年に居城して以来、真田氏をはじめ、本多、黒田、土岐氏により、商業の町、城下町として栄えました。全国各地で夏祭りが行われますが、8月3〜5日に開催される沼田の夏祭りは「祇園祭」、通称「おぎょん」と呼ばれ、

須賀神社と榛名神社の神輿の渡御（とぎょ）をはじめ、「山車（だし）の行列」、「天狗みこし」、「町みこし共演」、「千人おどり」などで大変な賑わいを示します（写真1－1）。

写真1－1　新神輿の渡御

　利根沼田の総鎮守 榛名神社は薄根川の左岸、沼田城址のある台地の真下に鎮座する神社です（現住所：榛名町2851番地）。代々城主の尊崇を受け、本殿は1615年（元和元）年真田伊豆守信幸公の奉建による、豪壮な桃山文化を代表するものです。2019（令和元）年6月9日、小雨降る中、この榛名神社にて新しい「令和の神輿（以下、新神輿）」の完成奉告祭並びにお披露目会が開かれました。それとともに、いままで大切に担がれてきた「明治の神輿（以下、旧神輿）」の担ぎ仕舞も執り行われました（写真1－2）。台輪の裏書から1900（明治33）年に、沼田の大工さんによって製作されたことがわかっています。

写真1－2　6月9日榛名神社にて

約120年間担がれてきたわけですが、老朽化に伴い大きく張り出した屋根が垂れ下がり、金属棒で支えざるをえない現状がありました。基礎にあたる箱台輪には割れが生じていました。1976（昭和51）年に一度改修した記録がありますが、10年くらい前からは担ぎ手から不安の声が上がり始め、今からおよそ3年前の2016年に、神輿新調の具体的な話が持ち上がったのです。

　神輿は文字通り、神の輿、神様の乗り物です。もとは弊串に神璽を移してそれを奉じて場所を移動するだけだったので神輿そのものはありませんでしたが、奈良時代になって天皇が乗用する鳳輦から発展して、神璽の乗り物になったという解釈もあるようです。『字統』をひもとけば、「輿」は文字通り「四隅に手をかけて輦を（肩で）かつぐ形」とあります。宮神輿は、祭りのおりに、神社からご神体が神輿に御遷りになります。「神璽奉還の儀」と呼びます。「神璽」とは神様のしるしを意味します。そして町の氏子をくまなく御覧になり、離れた「御旅所」まで移動されます。

　このような厳粛な乗り物としての神輿をどのタイミングで作り直すのか、榛名神社神輿奉賛会を中心に、神輿新調準備委員会が立ち上がり、慎重な検討を始めました。東京には昔から仏壇・仏具、神輿を製作する店もあるのですが、購入するよりは、限られた予算のなかでも地元でつくりたいとの願いから、沼田市内で伝統的な構法による住まいづくりを営み、古民家再生、社寺仏閣を得意とする鞍城建設（材木町）の石坂孝司社長に相談が持ち掛けられました。そして概算見積の提出や既存調査の報告を経て、鞍城建設がご造営計画を担当することになりました。

　そのような折、2017（平成29）年12月の閣議決定を経て、2019（平成31）年4月末日をもって天皇が退位され、翌5月1日に新天皇が即位されることになりました。その記念事業として、全国各地の神社で、御大典記念事業が行われるにあたり、このまたとない機会をとらえ

写真1-3　神輿新調事業
奉賛会御芳名板（榛名神社にて）

て神輿を新調することが、新しい時代の幕開けに相応しいことではないかということになりました。ちなみに平成の記念事業のときに、榛名神社の入口の大鳥居が建設されました。

　2018（平成30）年3月から一年間、事業費1500万円を目標に神輿新調のための奉賛活動が展開されました。関係者の不安もありましたが、多くの善意が寄せられ、事業が進められました（写真1－3）。

　既存調査は鞍城建設により2018年4月20日に実施され、神輿各部（木部、金具）の撮影、採寸を行いました（写真1－4）。保管上は取り外している鳳凰、鳥居、瓔珞、井垣、蕨手などの金具も撮影、採寸します。さらに渡御する上で、神社の入口の鳥居の採寸も忘れません。担がれた神輿が鳥居にぶつかって破損することがあってはならないからです。旧神輿の仕様はおよそ次のものです（鞍城建設資料6月1日より）。

> 使用木材はほとんどがヒノキ。一部にケヤキあり。
> 箱台輪：3尺5寸（1,065mm）
> 高さ：1,520mm（露盤まで）2,020mm（鳳凰まで）
> 三面に扉付き：内側金箔貼り
> 扉の袖壁：登り龍・降り龍の彫刻
> 内法長押の上部：鶴二羽と雲の彫刻
> 地覆の上部：亀二匹と波の彫刻
> 屋根：四面に三つ巴の金具が三つ
> 軒付：雲文様　唐草文様
> 真鍮の金具
> 背面の中心に雲竜の金具
> 隅木、丸桁の木口：三つ巴金具
> 飛檐垂木：54本
> 地垂木：44本
> 斗組：二手先
> 柱に巻かれた金具：花菱七宝文様巻
> 木鼻：四面に獅子頭（二方向でダブル）

新調する上で、全く別仕様の神輿をつくるのではなく、明治の旧神輿への愛着もあり、それを継承し再現することが決められました。しかし何点か、奉賛会からの要望がありました。

1）基礎にあたる箱台輪を、安定感を増すために広くしたい。

2）箱台輪は重くなるものの、全体では少しでも軽くしたい。旧神輿はほぼヒノキですが、目に見えない部分にはケヤキが用いられていました。

3）箱台輪が大きくなるに伴い、バランスとして全体も大きくなるわけですが、神社の入口の鳥居を通れるように高さは抑えたい。神輿がお戻りになるときには拝殿に駆け込むので、実際には拝殿の入口高さへの配慮も必要。

4）多くの担ぎ手が参加できるように、少しでも担ぎ棒を長くしたい。

　要は担ぎ手の人数や体力を鑑みて、見栄えを損なうことなく軽量化したいということでした。そのためには全体の意匠的バランスと乾燥材の使用が不可欠です。神輿の製作は、地元沼田出身で、「勾匠社寺建築」の木匠 小野康博さんに依頼することになりました。小野さんは前橋工科大学の前身である前橋市立工業短大出身でもあります。

1－2　天然乾燥のヒノキ

　現代の住まいの多くは、安く・早くの号令のもとで化学合成された工業製品が多用され、味気ないものとなっています。鞍城建設を営む石坂社長は、伝統的建築への深い造詣をもっています。つまり、材料の色、木目などと対話しながら、それをどこにどう使うのが最適かを考えながら設計できることを意味しています。石坂社長は40年以上前に、以前の勤務先で、当時神社仏閣建設のために購入した木曽桧材の残りを含む多くの古材を沼田市内の自社倉庫に保管しており、今回の神輿造営に使用することができました。令和の神輿のために、ヒノキたちは、倉庫で出番を静かに待っていたともいえるでしょう（写真1－5）。

　日本は国土の三分の二が森林であること、つまり豊かな森林資源をもっていることはよく知られています。しかし戦後の住宅大量供給などによって、

木材自給率が一時は二割を切るまでに低減しましたが、昨今再び木材利用促進の機運は高まっています。住宅に用いる構造材のために、戦後植林された良質なスギを使うことは十分可能な状況です。とはいえ木材の経済価値は大きく下落しており、日本の急峻な山から木材を引き出すことは容易ではなく、簡潔に言えば山

写真1－5　木曽桧

は荒れているといっても過言ではありません。長野の木曽地方のヒノキはしかし、伊勢神宮のご造営に供するなどすでに銘品として長い歴史と伝統をもち、管理が行き届いており、質の良い材料がなお安定供給されています。地元の材料を地元の職人がつくるのであれば、できれば地産地消が理想的ではありますが、こと神輿の材料に関しては、木材であればなんでもいいというわけにはいきません。宮の造営のために古くからヒノキが使われてきたことは、強度や美観の点からも必然的なことと思われます。その意味でも今回、木曽桧を使う以外に選択肢はありませんでした。

　さて、小野棟梁の木拾い表（表1）をもとに、4寸角（120 × 120㎜）4 m材が12本、8寸×4寸の平角材など、およそ2㎥の材料が小野棟梁の作業場に運び込まれました。現代の住宅づくりはその木材の多くが人工乾燥（KD）材によっていますが、機械設備がない時代は、桟積みにして空気を通す天然乾燥しか方法はありませんでした。強制的に木材内の水分を抜くわけではないので、水分が抜けるには長い時間を要します。そもそもストックヤード（乾燥／保管場所）の確保も馬鹿になりません。その意味で少なくとも40数年天然乾燥されてきたヒノキ材は、もはや狂うこともなく最良の状態にあります。腕の良い職人であればあるほど、このような気品をもった材料を前にして最高の仕事をしなければならないという責任の感情をいだくのです。

表1－1　新神輿のための木拾い表（小野棟梁作成）

部位	名称	仕様	単位	数量
本体	泥摺り	ケヤキ（欅）1200-45×25	丁	4
	箱台輪	木曽桧　1250-240×60	丁	4
	縁板	木曽桧　1250-240×25	枚	5
	亀腹	木曽桧　700-120×30	丁	4
	地覆	木曽桧　600-60×40	丁	4
	天地彫刻（鶴亀）	木曽桧　550-70×45	丁	8
	天地彫刻（裏板）	木曽桧　550-90×12	枚	8
	地長押	木曽桧　600-60×40	丁	4
	敷居	木曽桧　500-45×20	丁	4
	床板	木曽桧　500-125×12	丁	4
	堂柱	木曽桧　900-50Φ	丁	4
	鴨居	木曽桧　500-45×20	丁	4
	立枠	木曽桧　350-36×30	丁	6
	戸脇（彫刻）	木曽桧　350-75×50	丁	6
	戸脇（裏板）	木曽桧　350-90×12	枚	6
	廻り縁	木曽桧　500-15×12	丁	4
	格子	木曽桧　500-12×10	丁	14
	天井板	木曽桧　500-100×7	枚	5
	背面鏡板	木曽桧　500-330×12	丁	1
	背面鏡板	木曽桧　500-165×12	丁	2
	内法長押	木曽桧　600-60×40	丁	4
	木鼻（獅子）	木曽桧　150-90×90	丁	8
	台輪	木曽桧　600-60×18	丁	4
	大斗	木曽桧　50-50×30	丁	16
	方斗	木曽桧　30-30×18	丁	360
	巻斗	木曽桧　30-30×18	丁	696
	鬼斗	木曽桧　42-42×18	丁	16
	枠肘木	木曽桧　105-24×18	丁	32
	隅枠肘木	木曽桧　150-24×18	丁	4
	肘木	木曽桧　105-18×16	丁	36
	肘木	木曽桧　150-18×16	丁	8
	肘木	木曽桧　195-18×16	丁	8
	通肘木	木曽桧　600-18×16	丁	40
	実肘木	木曽桧　300-18×16	丁	20
	実肘木	木曽桧　350-18×16	丁	8
	尾垂木	木曽桧　250-70×18	丁	20
	尾垂木	木曽桧　300-70×18	丁	20
	尾垂木	木曽桧　350-70×18	丁	20
	隅尾垂木	木曽桧　350-70×18	丁	4
	隅尾垂木	木曽桧　425-70×18	丁	4
	隅尾垂木	木曽桧　500-70×18	丁	4

部位	名称	仕様		単位	数量
本体	隅実肘木	木曽桧	550-45 × 18	丁	4
	通実肘木	木曽桧	800-18 × 16	丁	4
	琵琶板	木曽桧	600-150 × 12	丁	4
	丸桁	木曽桧	900-45 × 30	丁	4
	隅木	木曽桧	500-90 × 30	丁	4
	地垂木	木曽桧	150-12 × 9	丁	136
	飛檐垂木	木曽桧	120-12 × 9	丁	176
	木負	木曽桧	1000-150 × 30	丁	4
	茅負	木曽桧	1200-150 × 40	丁	4
	裏甲	木曽桧	1250-45 × 30	丁	4
	軒付け	木曽桧	1300-60 × 60	丁	4
	軒天板	木曽桧	800-150 × 7	丁	4
	屋根板	木曽桧	1300-300 × 100	丁	4
	屋根板	木曽桧	800-300 × 100	丁	4
	野筋	木曽桧	1000-180 × 33	丁	4
	蕨手	木曽桧	300-240 × 33	丁	4
	蕨手鼻	木曽桧	150-60 × 33	丁	4
	露盤	木曽桧	180-150 × 24	丁	4
	熨（のし）	木曽桧	210-36 × 12	丁	4
	八巻	木曽桧	210-24 × 12	丁	4
	天板	木曽桧	180-180 × 24	丁	1
建具材	建具立枠	木曽桧	350-18 × 18	丁	12
	定規縁	木曽桧	350-15 Φ（半丸）	丁	3
	樞	木曽桧	120-17 × 17	丁	12
	横桟	木曽桧	120-17 × 17	丁	24
	中立桟	木曽桧	75-17 × 17	丁	6
	戸板	木曽桧	300-105 × 17	枚	6
鳥居	柱	木曽桧	450-35 Φ	丁	8
	貫	木曽桧	550-30 × 12	丁	4
	島木・笠木	木曽桧	700-80 × 12	丁	4
井垣	地覆	木曽桧	400-30 × 20	丁	8
	宝珠柱	木曽桧	270-30 Φ	丁	4
	柵	木曽桧	220-22 × 22	丁	64
	貫	木曽桧	400-18 × 7	丁	16
構造下地材	補強材	地桧	1200-150 × 150	丁	2
	補強材	地桧	1200-150 × 75	丁	2
	床受材	地桧	1200-25 × 15	丁	4
	屋根補強材	地桧	1800-240 × 30	丁	2
	屋根補強材	地桧	1300-240 × 30	丁	2
	屋根下地	地桧	600-150 × 30	丁	12
	金物	ステンレスボルト	l=1200-12 Φ		4
		（座金・ナット）			

１−３．作業の工程

　2018（平成30）年８月３〜５日の夏の恒例大祭である「沼田まつり」が終了して、「旧神輿」はその役目を終え、直ちに８月６日に小野棟梁の作業所に運び込まれ、製作は始まりました。以下に作業の工程を記します。

2018（平成30）年

　８月７日〜８月末：旧神輿を参考に木拾いをしつつ、昔ながらに製作のための原寸図を描きます。ベニヤ板に直接描くので板図とも呼びます（図１−1）。この板図から、部材の型紙ならぬ「型板」を切り出します（写真１−6）。数十年後に修理が必要になったとき、当時者がいなくなってもこの型板があれば、神輿を分解しなくても、部材交換は容易になります。大切な型板一式は、榛名神社にお納めすることになっています。また彫刻や錺金具は分業で、別の職人が製作するために、彫刻のための材料、錺金具を製作するための木型を先行していく必要がありました。以前から小野棟梁と仕事をしている「らんまの大橋」渡邉克之社長（岐阜県岐阜市）が来訪され、彫刻の採寸、記録をしました。

図１−１　小野棟梁による屋根部分の原寸板図

8月末：石坂社長による現寸図の検査。

9月中：木曽桧の木取りを開始。目の詰んだ柾目を選びながら、使える部分と使わないところを選定する作業です。小野棟梁が関わった名古屋城の造営でも木曽桧が使われ、材料検査では糸柾感覚1㎜以下という厳しい基準だったそうですが、今回の使用材も同等の良品でした。上述のように彫刻に使う材を優先していきました。その次に金物で被覆されるべき部材ごとの木製サンプルに取り掛かります。

9月末：墨を入れた状態で仕口加工を終えた彫刻材料を彫物師に発注。

10月18日：錺金具をわたなべ（漆）工房（岐阜県関市）に発注。錺師は例えば丸柱であれば、木の丸柱の型に合わせて巻きつけるように形をつくっていくので、デザインや寸法が狂うことはありません。

11月：箱台輪の墨付、加工開始。

12月　箱台輪の組立開始。

12月：彫刻の完成。

2019（平成31）年

1月　堂の墨付、加工開始。

1月末：堂の組立開始。

2月：斗栱の墨付、加工開始。

2月上旬：錺金具の納品。

2月末：斗栱の組立開始。

3月：屋根の墨付、加工開始。

3月末：屋根の組立開始。棟札を納める（写真1－7）。

写真1－6
板図から切り出した型板（屋根部分）

4月：一度分離して、金具の部分を削り合わせながら再度組立にはいります。金具は取り付ける箇所によって、真鍮もしくは銅板（金メッキ仕上げ）かが異なります。厚さは0.3～0.4㎜ですが、

写真1－7　棟札

金具を細工することはできないので、金具の僅かな厚さ分だけ木部を削って微調整していきます。

４月末：鳥居、井垣を取り付けて完成。

　３章で述べますが、小野棟梁はこの期間、様々な仕事を掛け持ちされていました。またはじめて手がける神輿でしたから、試行錯誤もありました。幸い延屋根三社式の須賀神社の神輿図面（1878（明治11）年）が残っていましたので参考にすることができました。９カ月という施工期間は実際のところ、大変厳しいスケジュールであったと思われます。５月には金具を取り付け、見学に来られた奉賛会の方々も予想以上、想像以上の出来栄えにとても誇らしい表情を見せていました。冒頭に記したように、６月９日にお披露目と相成りました。

１－４　冬の寒い作業場で

　筆者は2019（平成30）年１月18日に作業現場をはじめて見せていただきました。天井の高い大空間の中で「明治の神輿」は静かにたたずみ、小野さんの描いた板図、須賀神社の神輿立面図（榛名神社神輿の図面は残っていません）が立てかけられ、そして作業場はヒノキの香りで満たされていました。ヒノキ特有の白い木肌は目を見張ります。寒く凛とした作業場で、小野棟梁はお弟子さんと、熱気を帯びつつ、堂を組み始めたところです。その下の箱台輪は養生のために梱包された状態でしたが、それを解いて、さっそく箱台輪の裏面にいかなる細工が施されているかを小野棟梁は説明してくださいました（写真１－８）。スケールは小さく工芸芸術品と呼べるものですが、建物と同じように丁寧に材を組み合わせていく過程を見るに

写真１－８　箱台輪の裏面

つけ、百年に一度あるかないかのこの事業を何らかの形で後世に残すことが必要なのではないかと思い、本書を編むことをすぐさま提案しました。映像媒体での記録方法もありますが、宮大工の仕事はいかなるものか、神輿の意味はいかなるものかを含めて、文章としてまとめるべきであると考えました。

　木材のパーツが組みあがると、どういう順番で組まれたのか、何と何とが接合しているのかは判断できません。髪の毛一本通らないほどの精度であるがゆえに、一つの部材なのか結合されているのかすら判断がつかないものもあります。そもそも普段は大切に、人目に触れない神社の蔵に保管されていますし、祭りで登場するときには、神輿をじっくり観察することはないでしょう。宮大工の仕事であると宣伝するわけでもありません。記録写真はその都度撮っていますが、必要以上の情報も写り込んでしまうため、説明的ではありますが、アイソメ図などの幾何学的ドローイングが、神輿の構造の理解のためには理想的であると考えました。幸い研究室の大学院１年生の木暮竜太君は、様々なアングルや重要な部位の接合などを何度も何度もわかりやすく描いてくれました。それらの図版だけで、解説文は不要とすら考え、図版ページを可能な限り取るよう、ページ立てを考えました。

　また同大学院１年生の平柳利英さんは、卒業論文において建築家へのヒアリングをとおして論をまとめた経験をもっており、宮大工の小野さんへのヒアリングを中心に３章をまとめてもらうことにしました。若い学生にも、日本の良き建築・工芸文化に親しんでもらいたいという願いもありました。

　調べれば調べるほど、神輿には様々な大きさ、形状、仕上げ、多様な意味があることを知ることになりました。円形や六角形、八角形という多角形の神輿もあります。本書はしかし、榛名神社の宮神輿の特徴と宮大工の仕事を解明することを一義的とし、群馬の素晴らしい歴史的遺産、未来に語り継ぐべき我が国の建築・工芸芸術の美しさ（写真１－９）を伝えることを目的としています。日本の伝統というものを考えるきっかけになれば幸いです。

写真1－9　工芸芸術品としての神輿

2章　宮神輿の意匠と構造

2−1　神輿の構成—有機体としての

　人間の肉体は、どの部分をとっても独創的であり、その機能に最もふさわしい形姿をもちつつも、一つの有機的全体をなしています。すべてが関係性をもっています。

　人間の手足は直線的なフォルムをもっています。固い骨が芯にあり、それが関節でつながり、外側を柔らかい筋肉と皮膚が覆っています。生まれてすぐにバタバタ手足を動かし「意志」的に活動します。成長と共に著しく発達する部位です。手足を用いた行為が世界をつくり、変えていくのです。

　人間は球状の頭部をもっています。これは生涯変わることのない完成された形状といえるでしょう。球状の外見は、天球の映しであり、「思考」する器官です。硬い頭蓋骨は表面にあり、薄い外皮と頭髪で覆われ、その中に大切な柔らかい脳が守られています。外的形態と内的魂のありかたがこのように呼応しています。

　人間は、そしてこのような頭と手足を繋ぐ胸部をもっています。心臓と肺をとおして息を吸っては吐き、内と外との循環の役割を演じています。また心臓のポンプで頭部にも四肢にも血液を送っています。アトモスフィア（Atmosphere）は、呼吸する領域という語源から大気や空気の意味ですが、日本語では「雰囲気」と訳されます。他者を思い、気配を感じる部分であり、好感や反感の「感情」が支配する部分でもあります。

　人間の身体形状の解剖学的、人間学的考察は本書の目的ではありませんが、それぞれの役割を固有のフォルムをもった部位が担うことは、建築の世界にその投影を見ることも可能です。ギリシャ神殿の柱を見れば、地面に安定して建つための「柱脚」、人が出会い、活動するための空間を確保するための「柱身」—エンタシスという独特の微妙な膨らみは呼吸するように空間に働きかけています—、天上からの重みを支えつつ大地から成長するが如き表現をもつ「柱頭」の三分節が指摘されます。神輿についても、基礎に相当する「箱

台輪」、神様のしるし（神璽）を内包するための「堂」、天を志向する「屋根」の三分節が指摘されます。屋根は堂によって支えられ、それはさらに箱台輪によって保持されなければなりません。なお堂に属しつつ、屋根を可視的に支える繋ぎの部位として「斗栱」（ときょう）の組物が指摘できます。

　箱台輪はそこに担ぎ棒が差し込まれ、人々によって神輿が揉まれるがゆえに、全体の強度の確保が重視されます。堂は宮神輿においては、神璽が坐する内部空間をもち、神社の境内の様相を呈します。屋根は堂に対して幅広く腕を伸ばすように雄大に広がり、斗組の構造を用いて迫り出しています。張出した屋根によって、堂や台輪を風雨から守る実用的な機能ととともに、勇壮な気分、厳粛な気分を見る人に与えます。神輿の部位名称については、口絵の立面・断面図をご覧ください。

２−２　総合芸術としての神輿（写真２−１）

　榛名神社宮神輿は、様々な書籍で紹介されている神輿や、沼田まつりに見られる様々な町神輿に比して、極めて端正で力強く感じます。それは、欄間の木彫を含めてほとんどが木地の現し、「素木仕上げ」（しらき）だからでしょう。旧神輿同様に、派手なものにしないことは、奉賛会の願いでもありました。榛名神社の境内に流れる落ち着きと気品が、神社の神輿にも投影される必要があるからです。

　神輿をつくる上では、大別して四分野の職人（域）が結集するとされます。骨組みをつくる大工、それから彫物師、塗師、錺師です。飾りの組紐を神輿に巻き付けるものもありますが、過剰な装飾を避ける意味で、新宮神輿には取りつけていません。骨格ができると、塗師の手に渡り、漆などの塗装が施され、あるいは錺

写真２−１　総合芸術としての神輿

金物によって被覆されたりしますが、榛名神社の宮神輿は良質のヒノキ材を用いており、塗りの仕事は一切ありません。ただ雨に濡れたり、汚れ防止のために、屋根と斗栱の部分にのみ透明塗料を塗布しています。彫刻は飾りとして華麗さを求めればそれだけ増えてゆき、隙間があればことごとく花鳥や神話のモチーフなどが彫られていくものです。柱を覆いつくすほどに彫刻が絡んでいる神輿を見ると、ヨーロッパのバロックやロココの教会や宮殿が想起されます。屋根を支える斗組まで彫刻で埋め尽くされているならば、また金箔押し仕上げで斗組などを被覆していれば、どのような木材でもかまわないでしょう。新神輿はしかし、美しい材質を生かすことが優先されるべきで、そのために柱に巻く飾り金物も透かし彫りとし、素地を少しでも生かす工夫がなされています。

　ここではですから、彫刻は抑制的です。三ヶ所の扉の左右の戸脇の龍（昇り龍と降り龍）の彫物、長押の上の欄間の鶴や腰長押の下の亀の彫物、そして頭貫の木鼻の獅子頭（注：文献によって「狛犬」という表記もありますが、本書では獅子と呼びます）の彫物に限定されており、神輿のなかでも彫刻は少ない方といえるでしょう（写真2－2）。

写真2－2　獅子頭の堂柱への差込

　錺金具も同様です。主だったものを挙げてみると、台輪には各面の中央に三つ巴を配した「台輪紋」、棒穴の周囲に「棒穴座金物」、四隅に角の損傷を防ぐ意味も含め「台輪隅金物」が付

写真2－3　瓔珞（一ヶ所真田紋あり）

けられています。堂に堂柱をくるむ花菱七宝文様巻、堂の背面に雲竜、垂木の木口隠し、軒先の四隅に「風鐸」が吊るされ、堂の四面を覆う「御簾」の

ような役割をもたせた三つ巴などを配した薄板の「瓔珞」が付けられています（写真2－3）。銅板（金メッキ仕上げ）で手作業の打出しにより、しかも透かし彫りがあり、大変な工芸品です。見えそうで見えない、否、見ては

ならないあちらの、彼岸の世界を感じる荘厳具が吊られます。屋根には軒先に雲形に三つ巴を配した「葺返し」、三つ巴を三つ配した「屋根紋」、四隅の降り棟の先に螺旋形を描く蕨手とその上に頭を外に向けて「小鳥」が載り（写真2－4）、なによりも頂部の露盤の上には優美な鳳凰が立っています。京都宇治の平等院

写真2－4　屋根の装飾金具

鳳凰堂には、文字通り金銅製の一対の、翼を広げた鳳凰が載っています。それは建物の伸びやかな姿と呼応しているようにもみえます。

　しかし飾りとして「付けた」と表現すべきではありません。実際には彫物師によって付けられたとしてもです。装飾は本来後からとってつけたアップリケではなく、いわばホコリを払ったときに顕現される本質的なものだからです。龍は入口や境域の守護的存在ですから、扉の脇に現れるのです。鶴亀は言うまでもなく長寿の象徴であり、亀が堂の下部にあって大地を鎮め、鶴が堂の上部にあって天を飛翔することもきわめて内的必然性をもっています。彫物師によって木の塊から削り出された「玉」を獅子は足で力強く転がしています。燃え上がる感情が獅子の全身からみなぎり、全ての人に勇気を贈っています。

2－3　神輿の様式的特徴
　以下に箱台輪、堂、斗組、屋根のつくられた順番に、組立図とともに、その構造と仕組みを見ていきましょう。

２－３－１　支持する箱台輪の意匠─大地を堅固に担ぐ

　建物の基礎にあたる部分が神輿では箱台輪と呼ばれ、神輿の全体の大きさを規定する部位です。建物であれば、基礎として地面に埋まる部位ですが、担ぎ手によって浮遊する基礎が、神輿の特徴です。箱の隅は酒枡で見覚えのある「あられ組」で堅め、車知栓で差し堅めています

写真２－５　箱台輪の部材

（写真２－５）。外寸は、奉賛会からの要請で、旧神輿から５分大きくして４尺（1,220㎜）になっています。箱台輪の高さも40㎜高くなりました。旧神輿は箱台輪が小振りであるにも関わらず、堂柱が60㎜あり、かつ柱間（四隅の堂柱と堂柱の間の寸法）が500㎜を切っており、ずんぐりした印象でした。新神輿では堂柱は50㎜とし、柱間は500㎜です（写真２－６）。堂柱の太さを柱間の十分の一とすることが「木割」の基本です。それによって新神輿は胴が細く、榛名神社らしく気品のある女性的な表情が与えられました。

写真２－６　堂柱の形状

　なお担ぎ棒（全長5,800㎜）はこの台輪の「棒穴」を貫き、固定しつつ井桁に組んでいき、その棒をみんなが担いで神輿を揺らすのですから、台輪の穴の部分に荷重がかかります。木組だから釘やねじは一切使わない、だから、補修もできるということは間違いではありませんが、それでも全く使っていないわけではありません。必要最低限の個所に、錆びることのないステンレスの釘を使い、腐食による木材劣化を回避します。例えばこの棒穴の周りには、ステンレスビスを打ち込んで補強をするという念の入れようです。コンクリートでも開口の周囲は構造的にひび割れが入る弱点になるため、補強鉄筋をいれておくという考えです。

２−３−２　斗栱の組物と堂の意匠─木を緻密に組む

　堂（写真２−７）と屋根を繋ぐ要素として、実際的には柱の上から軒裏ま

で、屋根の軒を支えるための仕組み
として組物、あるいは斗栱（ときょう）がありま
す。斗組（ますぐみ）が振動吸収の役目も負って
います。腕のように渡した横木で屋
根の、上からの荷重を支える実肘木（さね）
（栱）（きょう）や肘木を受ける方形の斗（ます）から
なるために、斗栱、斗組と呼ぶので
す。柱の上（本神輿では平台輪）の
上に置かれる斗を大斗（だいと）、肘木の上に
置かれる小型の斗を巻斗（まきと）、あるいは
方斗（ほうと）と名称を分けています。各部材
を並べた写真２−20も御覧下さい。
軒が深くなればなるほど、組物は複
雑になり、壁面から迫り出すように
組むことから出組（でくみ）が展開されていき
ます（写真２−８）。壁から直角に
前方に挺出した肘木の先端に三つの
斗を載せた出三斗（でみつど）が基準となり、壁
面から三手と前に迫り出して組むこ
とを三手先組（みてさき）と呼びます。旧神輿は
二手先でした。後年屋根が垂れて、
支えの棒をつけざるを得なかったこ
とから、小野棟梁はより華やかさを
演出する意味でも、そして深い軒を
しっかり支えるために本神輿は三手
先としたのです。奉賛会から神輿全

写真２−７　堂の姿

写真２−８　斗栱の地組み（天地を逆に組む）

写真２−９　斗の製作

体の高さを抑えてほしいという要望
があったため、斗の部材を木割より
も1mmずつ高さを下げています。そ
れでも箱台輪が大きくなり、三手先
の斗組にしたことによって、全高は
1,615mm（露盤まで）、2,190mm（鳳凰
まで）になりました。小野棟梁が全
体のバランスをみながら、試行錯誤
し部材寸法を調整しています。この
大斗は16個、方斗は360個、巻斗
にいたっては696個が使われていま
す。これを一個ずつ同じものを手づ
くりしていくのですから、途方もな
い作業です（写真2－9、写真2－
10）。

　小野棟梁が今回、特にこだわった
所は、この斗栱から斜め下の方へ突
き出す垂木、尾垂木の意匠でした。
先端しか見えませんが、琵琶板を貫
いて内部に伸びており、屋根の荷重
を受けています（写真2－11）。まず、
尾垂木の断面は旧神輿では唐様で、
新神輿でもそれを踏襲しています。
先端は五角形ですが、根本では四角
形になるところが美しいです。なお
和様では先端断面は四角形です。ま
た先端は、旧神輿は垂木に対して直
角にしていますが（写真2－12）、

写真2－10　方斗・巻斗

写真2－11　琵琶板を貫く尾垂木
樫の木で鼻栓止め

写真2－12　旧神輿の斗栱詳細

写真2－13　令和の意匠（新神輿）

新神輿は和様のように、地面に対して垂直にすることで、和様と唐様の折衷意匠にしています。令和の様式と呼びたいものです（写真2－13）。

新神輿は中央に心柱がありません。屋根の構成要素の柱（正八角形）は途中でとまって束となっています（写真2－14）。束がそのまま箱台輪にまで伸びていけば、それが心柱になりますが、神社本殿の神様がそのままお入りになるという考えで、神様の場所として柱がありません。そのために、堂内の四隅に円形の内陣柱（パイプ状に加工してある）を建て、屋根の力板から箱台輪までをステンレスの全ねじボルト（長さ1,500mm）で緊結して全体を一体化させています。小野棟梁の工

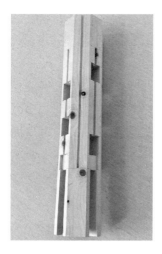

写真2－14
美しい芯束の仕口意匠

夫です。ボルトを外せば、解体修理は可能なことは言うまでもありません。

箱台輪は神社の境内に等しいものですから、その外周には井垣と明神鳥居（四か所）が設けられています。神社で見られるような朱塗りではなく、ここでもすべては素木のままの仕上げです。箱台輪に柄穴を開けておき、鳥居の根柄を差し入れ、込栓にて打ち堅めます。井垣は上下に貫が通り、井垣土台からの柄を台輪へ差込み堅めています。

2－3－3　飛翔する屋根の意匠—威厳を華麗に彩る

建物の屋根が多彩なように、神輿の屋根も多彩です。伊勢神宮に象徴される「唯一神明造」と呼ばれる切妻屋根は、単純明快で長方形の2枚の屋根からなりますが、正方形の堂に対して素直に屋根を乗せるのであれば、屋根中央が頂点になってそこから四方に屋根が下がっていく方形屋根になります。どの角度からみても同じ形状に見えますから、動き回る神輿を取り囲む人々には等しく映ることになります。四枚の屋根が三角形をなし、榛名神社神輿もその形状をもっています。堂が六角形、法隆寺夢殿のように八角形であれ

ば、屋根も多角形になりますので、それぞれ「六注」、「八注」と呼ばれます。

　方形といっても屋根は直線勾配ではありません。神社仏閣、あるいは数寄屋建築に見られるように、屋根面が反る「反り」と、屋根面が上方に対して膨らむ「起り」で構成され、本神興においてはその二つの曲面が連続する「反りむくり屋根」として力強くも柔らかな印象を与えています。小野棟梁は、最初に旧神興を見た印象として、屋根の野筋の曲線が「弱い」と感じたとのことです。神興の屋根が唯一、曲線を描くのであり、それは多様な印象を創り出すものですから、誰がみても落ち着いた雰囲気にすること

写真２−15　屋根の曲線を検討する小野棟梁

が求められます。その曲線はしかし、理論的、計算的に導き出されものそのではなく、宮大工の美学と造形感覚によって構成されたものでしょう（写真２−15）。屋根勾配は、明治の神興よりも撫で肩になり、屋根を組み終えたところで現在の曲線を決定しました。一番目につくところでもあり、屋根のふくらみは、全体のバランスを決める大きな部分でもありました。

　屋根の軒の先端は、端部が微妙に反り上がっているにしても、ほぼ直線的で水平な意匠として「延屋根」の様式によっています。中央がせり上がって山型に膨らみをもつ「唐破風」、あるいは三角形の破風をもつ「千鳥破風」にするならば、豪華さが加わります。

　軒の先端の曲線にも工夫が凝らされています。先端は水平に直線なのですが、中央部分で奥に微妙に引っ込めることで、両端が反り上がって見えるのです。小野棟梁によれば、「大工とスズメは隅で泣く（鳴く）」という言葉があるそうです。軒の隅部分を納めるのは大工でも難しいとの意味です。また垂木の断面が変形していくのは、柱芯から少しずつ反っていき、木負の上端

と茅負の下端の曲線が合っているので、垂木が徐々に菱形に近づいていきます。棟梁はこのような三次元的な構成を、二次元にしか表現されえない書物を見ただけで把握できる才を持ち合わせています。

　軒裏に見える垂木を化粧垂木と呼びます。建物でも下から見上げて繊細で律動的な垂木の意匠には引き込まれますが、防火の問題や施工の手間などから、面材で被覆されることも多く、無表情になりがちです。榛名神社神輿は「二軒」と呼ばれる、垂木が二段に積まれるような形式で、「地垂木」、「飛檐垂木」とそれぞれ呼ばれ、常に屋根の軒先と垂直に構成されています。それに対して、四隅において放射状に垂木が出る場合は「扇垂木」と呼ばれ、唐様の形状として知られています。上述したように、垂木のピッチも重要であり、平行に並ぶ垂木が等しく並ぶ場合に「本繁垂木」と呼びますが、なかで

も新神輿では、垂木材の幅に対して垂木材の成を空きとしています。具体的には垂木幅は9㎜、成は12㎜であり、垂木2本分は9＋12（空き）＋9＝30㎜。これがちょうど巻斗の寸法に相当します。

　垂木幅＋垂木成を一枝と呼び、その割り方が紀律を生みだします。写真2－16は二軒の

写真2－16　論治垂木

場合に、隅木と木負の交差部に付く垂木を示し、論治垂木と呼びます。この角がピッタリあっているかが、宮大工の腕の見せどころでもあります。小さな垂木一本一本に、木口隠しの鋳金具をとめて、その後クレーンで屋根を吊りあげて、堂に落としこみます（写真2－17）。まさに飛翔する屋根が加工場に出現しました。

写真2－17　吊りあげた屋根を下から見上げる

２－４ 図解 榛名神社の宮神輿（作画：木暮竜太）

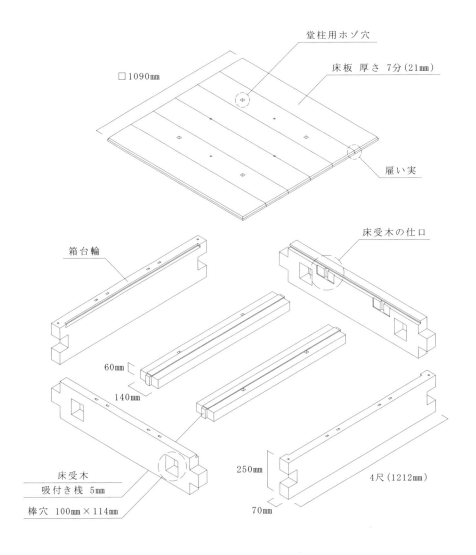

堂柱用ホゾ穴

□1090mm

床板 厚さ 7分（21mm）

雇い実

床受木の仕口

箱台輪

60mm

140mm

床受木
吸付き桟 5mm

棒穴 100mm×114mm

250mm

4尺（1212mm）

70mm

図２－１ 箱台輪組立図

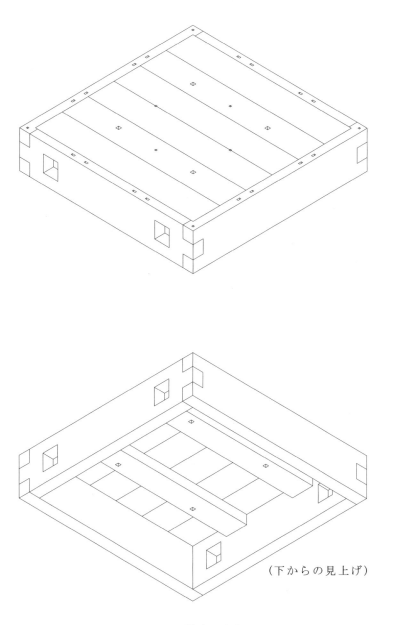

（下からの見上げ）

図2－2　箱台輪完成図

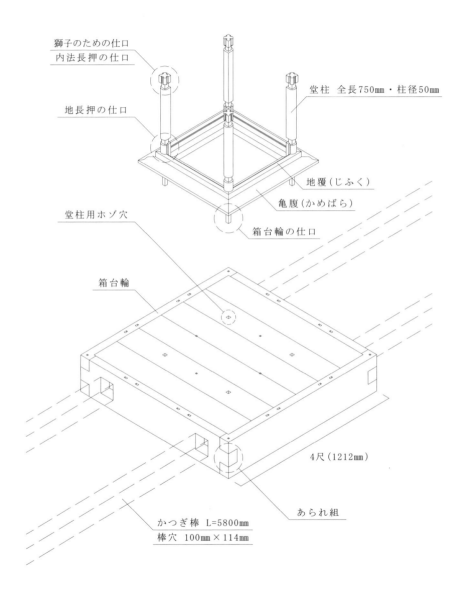

獅子のための仕口
内法長押の仕口

地長押の仕口

堂柱 全長750mm・柱径50mm

堂柱用ホゾ穴

地覆（じふく）
亀腹（かめばら）
箱台輪の仕口

箱台輪

4尺（1212mm）

あられ組

かつぎ棒　L=5800mm
棒穴　100mm×114mm

図2－3　箱台輪＋堂柱組立図

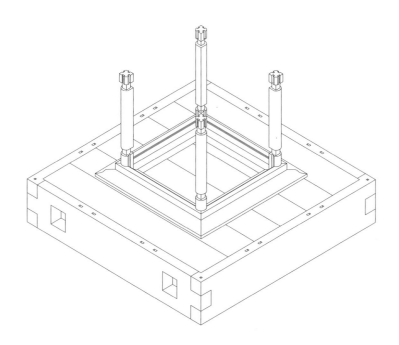

　写真2－6から、堂柱は箱台輪を貫通して緊結しますので、本当は長
い材料であることがわかります。また最初は正方形の角材ですが、先に
獅子頭が差し込まれる上端の仕口（写真2－2）をつくり、それから堂
の部分を8角形⇒16角形⇒32角形⇒64角形としつつ、最後に滑らか
な円柱に鉋で成形していきます。

図2－4　箱台輪＋堂柱完成図

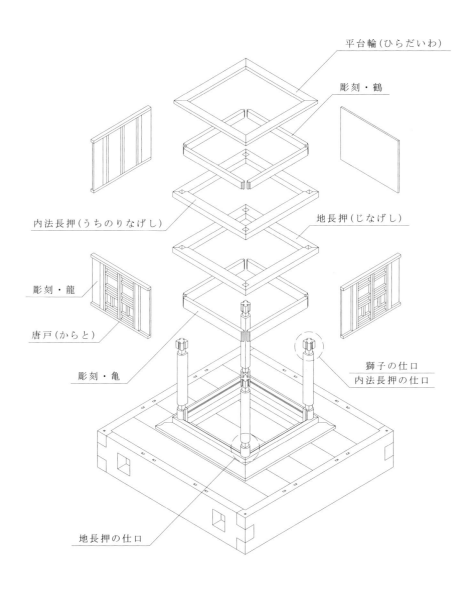

平台輪（ひらだいわ）

彫刻・鶴

内法長押（うちのりなげし）

地長押（じなげし）

彫刻・龍

唐戸（からと）

彫刻・亀

獅子の仕口
内法長押の仕口

地長押の仕口

図2－5　堂組立図

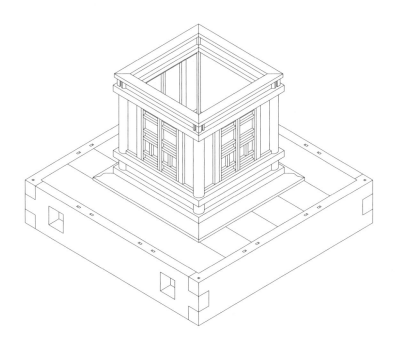

　箱台輪の上に、亀腹に始まり平台輪まで様々な横材が組まれていることがわかります。長押（なげし）とは社寺建築において、柱を内外両面から挟むように繋ぐ水平材を指します。位置により、内法（うちのり）長押、天井長押、腰長押、地長押などの呼称があり、いずれも軸組を固める役目を担っています。

図２−６　堂完成図

写真 2 - 18　製作中の龍の彫物

写真 2 - 19　鶴と亀の彫物下図（作画：岩井勇樹）

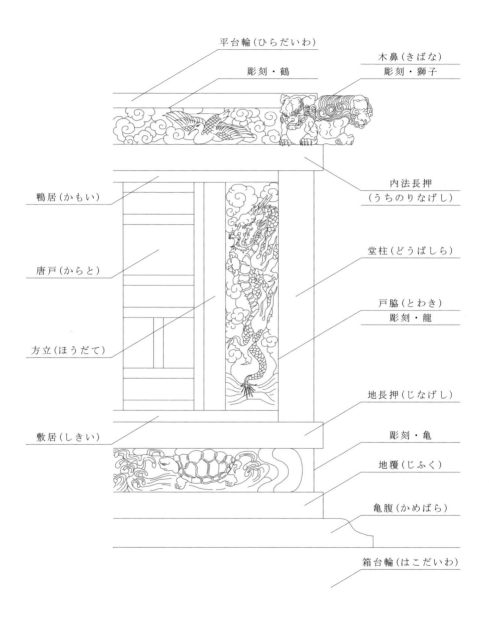

図2－7　堂詳細図

平台輪（ひらだいわ）
彫刻・鶴
木鼻（きばな）
彫刻・獅子
鴨居（かもい）
内法長押（うちのりなげし）
唐戸（からと）
堂柱（どうばしら）
戸脇（とわき）
彫刻・龍
方立（ほうだて）
敷居（しきい）
地長押（じなげし）
彫刻・亀
地覆（じふく）
亀腹（かめばら）
箱台輪（はこだいわ）

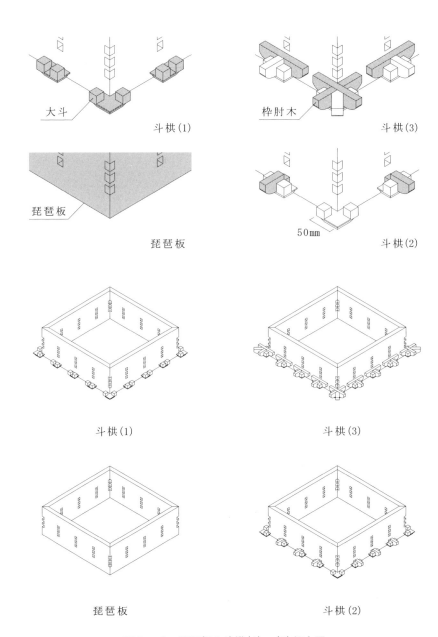

大斗

斗栱(1)

枠肘木

斗栱(3)

琵琶板

琵琶板

50mm

斗栱(2)

斗栱(1)

斗栱(3)

琵琶板

斗栱(2)

図2−8　琵琶板＋斗栱(1)〜(3)組立図

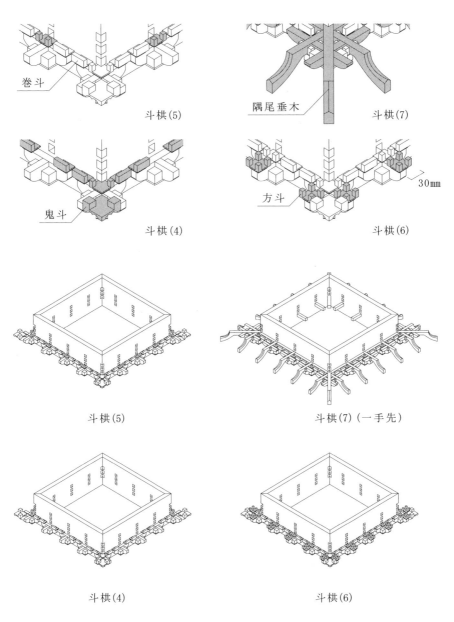

斗栱(5)

斗栱(7)

斗栱(4)

斗栱(6)

斗栱(5)

斗栱(7)（一手先）

斗栱(4)

斗栱(6)

図2−9　斗栱(4)〜(7)組立図

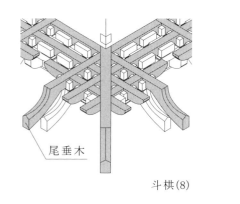

尾垂木

斗栱(8)

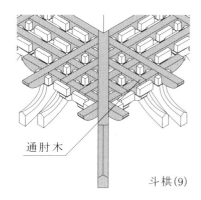

通肘木

斗栱(9)

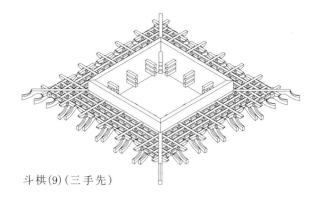

斗栱(9)(三手先)

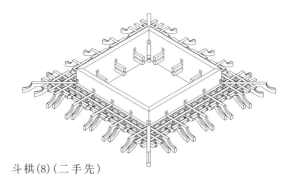

斗栱(8)(二手先)

図2－10　斗栱(8)～(9)組立図

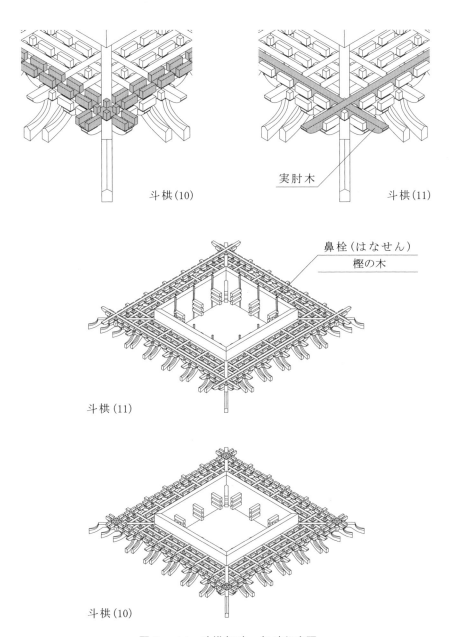

斗栱(10)

斗栱(11)　実肘木

斗栱(11)

鼻栓（はなせん）
樫の木

斗栱(10)

図2－11　斗栱(10)～(11)組立図

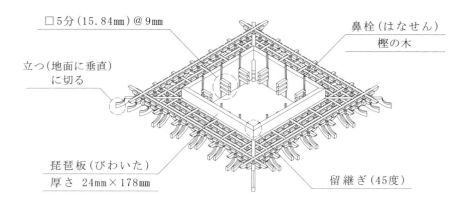

□5分（15.84mm）＠9mm

鼻栓（はなせん）

樫の木

立つ（地面に垂直）
　　に切る

琵琶板（びわいた）

厚さ　24mm×178mm

留継ぎ（45度）

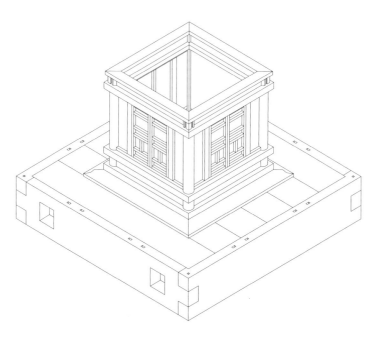

図2－12　台輪＋堂＋斗栱　組立図

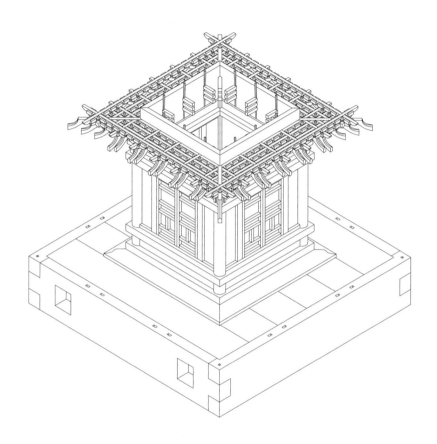

　一辺が3cmほどの、手の平にのる巻斗をはじめ、細かい部材を組合わせることから斗組と呼ばれます。写真2－8のように、天地をひっくり返して組むのは神輿だからこそできることでしょう。また写真2－11のように正方形の琵琶板の四辺それぞれに尾垂木と隅尾垂木を差し込んでいきますが、組みながら四辺に差し込むことは実は不可能に近いことで、匠ならではの技です。

図2－13　台輪＋堂＋斗栱　完成

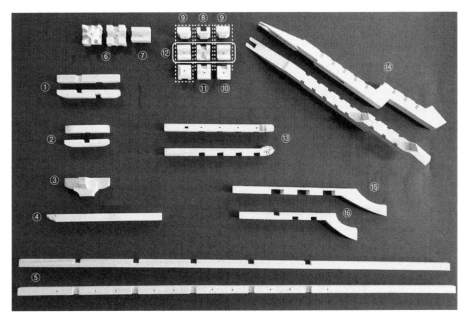

写真 2 - 20　斗栱や屋根の部材いろいろ

①肘木　　　　　　　　　②秤肘木

③枠肘木（＋大斗）　　　④実肘木

⑤通肘木　　　　　　　　⑥鬼斗（隅斗）

⑦延斗　　　　　　　　　⑧方斗

⑨巻斗　　　　　　　　　⑩隅斗

⑪三方斗　　　　　　　　⑫三ツ斗

⑬通肘木（木鼻付）　　　⑭隅木

⑮隅尾垂木　　　　　　　⑯平尾垂木

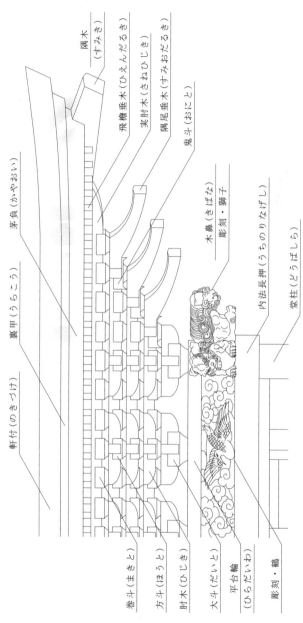

軒付（のきづけ）

裏甲（うらこう）

茅負（かやおい）

隅木（すみき）

飛檐垂木（ひえんだるき）

実肘木（さねひじき）

隅尾垂木（すみおだるき）

鬼斗（おにと）

木鼻（きばな）
彫刻・獅子

内法長押（うちのりなげし）

堂柱（どうばしら）

巻斗（まきと）

方斗（ほうと）

肘木（ひじき）

大斗（だいと）

平台輪（ひらだいわ）

彫刻・鶴

図2−14　斗栱詳細図

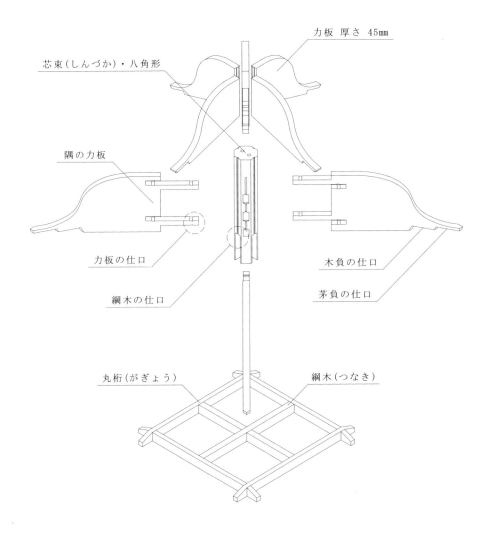

力板 厚さ 45mm

芯束(しんづか)・八角形

隅の力板

力板の仕口

綱木の仕口

木負の仕口

茅負の仕口

丸桁(がぎょう)

綱木(つなき)

図2－15　屋根組立図

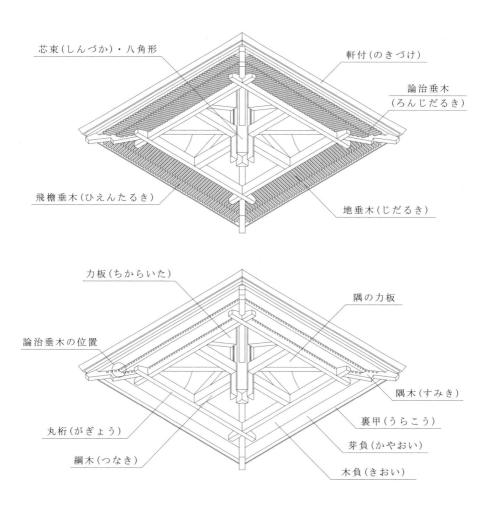

芯束（しんづか）・八角形

軒付（のきづけ）

論治垂木（ろんじだるき）

飛檐垂木（ひえんたるき）

地垂木（じだるき）

力板（ちからいた）

隅の力板

論治垂木の位置

隅木（すみき）

丸桁（がぎょう）

裏甲（うらこう）

綱木（つなき）

芽負（かやおい）

木負（きおい）

図２－16　屋根完成図（下からの見上げ）

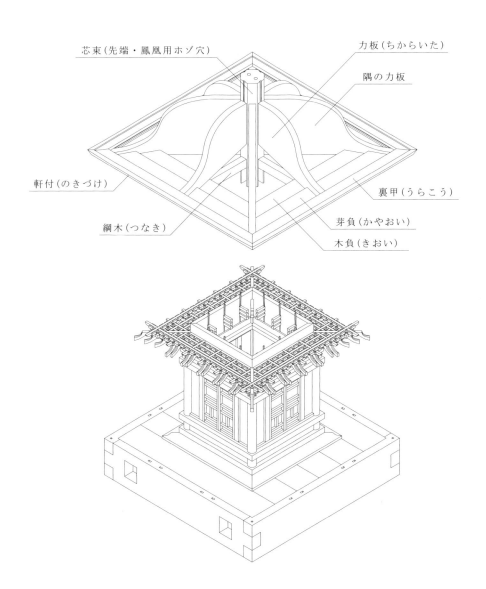

芯束(先端・鳳凰用ホゾ穴)　　　　　力板(ちからいた)

隅の力板

力板(ちからいた)

軒付(のきづけ)

裏甲(うらこう)

綱木(つなき)

芽負(かやおい)

木負(きおい)

図2－17　台輪＋堂＋斗栱＋屋根（力板）組立図

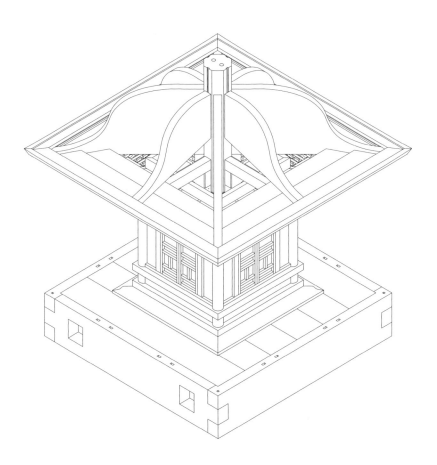

　写真2－15にあるように、屋根の反りむくりは、力板の形状によっ
て決まります。また芯束（写真2－14）に力板が45度ずつ、8枚差し
込まれますので、芯束の仕口そのものが魅力的な意匠です。なお、ここ
では表現していませんが、堂内の四隅に四本の穴のあいた内陣円柱を建
て、力板から箱台輪までをボルトで緊結して一体化しています。

図2－18　台輪＋堂＋斗栱＋屋根（力板）完成図

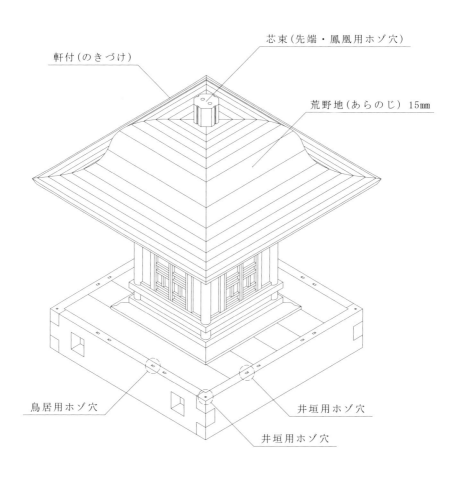

軒付（のきづけ）

芯束（先端・鳳凰用ホゾ穴）

荒野地（あらのじ）15mm

鳥居用ホゾ穴

井垣用ホゾ穴

井垣用ホゾ穴

図2−19　屋根完成図

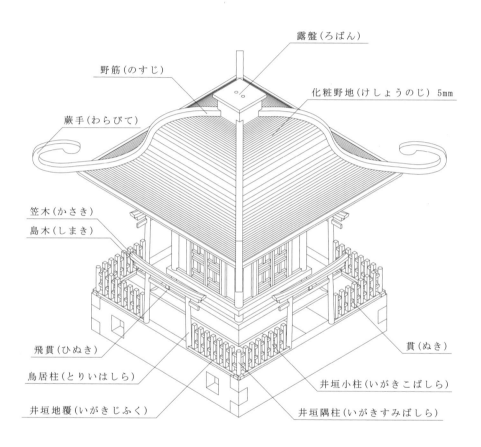

露盤（ろばん）

野筋（のすじ）

化粧野地（けしょうのじ）5mm

蕨手（わらびて）

笠木（かさき）

島木（しまき）

飛貫（ひぬき）

鳥居柱（とりいはしら）

井垣地覆（いがきじふく）

貫（ぬき）

井垣小柱（いがきこばしら）

井垣隅柱（いがきすみばしら）

図2－20　神輿　完成図

3章　宮神輿の魂－宮大工の技と知恵

3－1　平成から令和へ

　2019（平成31）年5月に元号は変わり、それに伴い様々な皇室行事が行われました。私たちの多くは、年が改まると厳粛な気持ちを抱いて神社に初詣に行きますし、クリスマスを、そして最近ではハロウィンを賑やかに楽しみます。祭りといっても「賑わい」としての祭りでしょう。結婚式を神社や教会で上げる人も多く、お葬式は仏式でしめやかに行います。宗教や信仰に無頓着、無関心かと問われれば、そうともいえず、日本の神が唯一神としての神でなく、神社へもお寺へもこだわらずに行けること、無意識的に選択しているのが日本の現代の精神状況ともいえるでしょう。

　考えてみれば、日本への仏教の伝来から、神と仏は同じものとして信仰されていました（神仏習合）。いずれの国、民族においても神々の信仰は本来自然崇拝的で土着的であり、氏や村の共同体の平安を祈るものであったはずです。東大寺大仏に象徴されるように、仏様のご利益は、国家の鎮護にあり、仏は神様と同質の存在として認識されましたから、この延長上に私たち現代人は生き、その選択可能性は広がっているともいえましょう。

　11月には、皇位継承に伴い一代一度の神事としての大嘗祭がこのために仮設された大嘗宮にて行われ、耳目を集めました（写真3－1）。大嘗宮は約90メートル四方の敷地内に大小30あまり、左右対称の建物が立ち並びます。破風は直線形で、切妻造で妻入りの様式から住吉造と似ていることが指摘されますが、仮設なのに建設費の約10億円、総額27億円が国費から賄われているのはいかがなものかとか、政教分離などの様々な問題が指摘されて

写真3－1　大嘗宮

います。しかし、日本の言霊に触れる厳粛な行事であることは間違いありま

せん。祭りの厳粛性を誰もが感じたと思います。本来は旧暦の11月に行われた行事であり、つまり闇が一番強まる冬至の時期に、太陽精神の勝利（復活）として、新たな天皇は国の安寧を願い、闇の夜に神々と共に食事をするというものです。

　今回の大嘗祭が何か他人事ではないように思うのは、天皇陛下が3時間ほどかけて神様と最初にお食事をする（供饌の儀）「悠紀殿」の建物の造営に、小野棟梁が関与されていたからです。お話を伺いますと、全国から選りすぐりの宮大工に召集がかかり、わずか3カ月という短期間での集中した作業であったとのことです。

3-2　宮大工への道

　小野康博さんは1964（昭和39）年、群馬県利根郡みなかみ町の出身です。御父様が地元みなかみで大工をしていたこともあり、現場監督や大工仕事に日頃から携わっていました。前橋工科大学の前身である前橋市立工業短期大学に入学し、21歳で卒業。当初建築関係の職に就こうと考えていましたが、設計士・施工監督・大工になるか、進路を決めかねていました。27歳の時転機が訪れます。渋川市子持村にあるふれあい公園に東屋を建造する話がありました。高価な京都の磨き丸太を加工するということで、手間はかかるうえに、技術が至らないこともあり、沼田の職人は誰も引き受けなかったそうです。しかし小野さんは、この件を親方である御父様の許しを得ずに、勢いで引き受けてしまいました。当初御父親は憤怒していました。しかしもうやるしかないと受け入れてくれた御父様が、不運なことにこの時に倒れてしまいます。東屋を自分一人でやるしかなくなってしまった小野さんは、もがきながらも柱から梁、桁まで丸太でできている六角の東屋を納めることができ

写真3-2　六角の東屋

ました（写真3-2）。この時、同じ広場に建てられる茶室を造るために来ていた宮大工にその技量を評価され、その宮大工の仕事を見ながら、その茶室を共に造ったのでした。小野さんの宮大工への道はこうして始まりました。

　宮大工の仕事に感銘を受けた小野さんは、すぐさま宮大工の登竜門でもある関西、奈良へ向かい、社寺建築界では知らぬ者はいない、法隆寺の宮大工・西岡常一氏（1908-1995）のもとを訪ねました。1992（平成4）年の頃です。しかし既に高齢のために西岡棟梁本人には会うことはかなわず、当時法輪寺付近にあった株式会社鵤工舎の創設者、また西岡常一氏の一番弟子であった小川三夫氏（1947-）のもとを訪ねます。しかし宮大工の弟子になることはそう自分が思っていたほど容易ではありませんでした。その後、春日大社を始め、その近辺を探しても自分を宮大工として雇ってくれるところはありませんでした。それでも小野さんは宮大工になることを諦めず、京都へ向かい、電話帳に社寺建築と書かれている事務所に手あたり次第電話をかけましたが、熱意だけで技量が足らない自分を雇ってくれるところはやはり見つかりませんでした。

　しかし宮大工になりたい気持ちは途絶えることなく、関連資料を集め、全国の社寺建築を実際に見に行き、そのノウハウを自分の目で覚えていきました。ある時、知り合った方から声がかかり、初めての社寺建築に関わる仕事が舞いこみました。2000（平成12）年の福島県金性寺の鐘楼仁王門（写真3-3）の再建の話は、東屋の時同様、自分の技量を上回る仕事ではありましたが、熱意のみで引き受けてしまいました。自分自身の技術が足りないこともわかっていましたが、手探り状態でもその仕事を納められるように必死に技術や知識を身に着け、何とか無事仕事を納めることができました。これがきっかけで徐々に関係者に評価され、仕事が来るようになり、本堂にも

写真3-3　金性寺

手を付けることができるようになりました。2012（平成24）年には沼田須賀神社鎮座四百年を記念した、本堂の銅板でできた大屋根の改修を納め、同時に、鞍城建設の石坂社長から、同じ沼田市内で既に工事が始まっていた舒林寺の手水舎の依頼を受けます（写真3－4）。そしてその現場に来ていた滋賀の宮大工に誘われ、社寺の本場でも

写真３－４　舒林寺の手水舎

ある滋賀へと向かうことになったのですが、ここでも突然その宮大工が倒れてしまいました。行く当てもなく途方も暮れていた時、滋賀県にある「中川社寺」の親方であった中川倫氏に出会い、その仕事や宮大工としての志に感銘を受け、中川社寺で仕事をすることになりました。現在親方は亡くなり、彼の息子と小野氏が中心となって仕事をしているということですが、親方や現場で出会った宮大工の技を見ながら覚え、徐々に技量が上がるうちに仕事と名が広まり、下記のリストにあるように名古屋城、平安神宮、鶴ヶ城などの名刹にも携わるまでの宮大工になっていったのです。

3－3　宮大工の仕事

　いにしえの名も知らぬ大工の、寺社仏閣における技の痕跡を忠実にたどり、元の姿を残していくことは仕事の基本ですが、更なる高みを目指して後世へと技を継承していくことも宮大工の仕事には要求されます。19世紀ドイツの優れた建築家シンケルは、建築の理想を目指す上で「過ぎ去った歴史的なものが繰り返されてはならない。それによって歴史は生まれない。」と述べています。新しいものが創造されてこそ、歴史の継承は育まれるのです。作り手は誰もがこのことを実感しているはずです。

　釘やビス等の使用を最小限に抑え、高度な木組が要求される社寺建築を扱う宮大工は、町大工では必要とされない高度な技術及び伝統的工法への理解

を持ち合わせなければなりません。そもそも宮大工とその他の大工とのちがいは、外からは、また後からは誰の目にもみえないような木組みの溝や柄穴にまで、鑿や鉋で美しく仕上げることです。水車をつくる水車大工、数寄屋造りを専門とする数寄屋大工、曲面をつくりだす船大工等、様々な職域の大工がそれぞれ素晴らしい技を発揮していますが、小野棟梁が現在に至るまで手掛けてきた仕事は、実は社寺建築にとどまらず、町大工の技量では賄いきれない、繊細な工芸品から土木的構築物にまで及んでいます。小野棟梁が手掛けた仕事のリストをご覧ください。

表3-1　小野棟梁の携わった仕事一覧

社名	名称	所在地	竣工年
	ばんどうの湯　水車	群馬県	2010（平成22）年
金性寺	鐘楼仁王門	福島県	2011（平成23）年
須賀神社	拝殿屋根大改修	群馬県	2012（平成24）年
舒林寺	手水舎	群馬県	2012（平成24）年
名古屋城	本丸御殿　上台所	愛知県	2013（平成25）年
正覚寺	鐘楼堂	滋賀県	2013（平成25）年
安養寺	本堂	群馬県	2013（平成25）年
善龍寺	薬医門	群馬県	2014（平成26）年
往西寺	本堂	茨城県	2014（平成26）年
観音寺	本堂	茨城県	2014（平成26）年
白井宿公園	水車	群馬県	2015（平成27）年
酒列磯前神社	手水舎	茨城県	2015（平成27）年
智韻寺	須称壇	群馬県	2015（平成27）年
正円寺	鐘楼堂・はかま・手水舎・東屋	東京都	2016（平成28）年
法蔵寺	本堂	滋賀県	2016（平成28）年
平安神宮	札所	京都府	2017（平成29）年
延長寺	薬医門	岐阜県	2017（平成29）年
会津若松城	廊下橋	福島県	2017（平成29）年
島宮八剣社	本殿	愛知県	2018（平成30）年
星神寺	本殿	愛知県	2018（平成30）年
榛名神社	御神輿	群馬県	2019（平成31）年
亀ヶ池八幡宮	手水舎	神奈川県	2019（令和元）年
大嘗宮	悠紀殿	東京都	2019（令和元）年
明王院	唐門	千葉県	2019（令和元）年

　小野棟梁は自分自身のことを「宮大工」と呼ばれるのは気が引けると謙遜されていました。それは神社仏閣「のみ」をつくるのが宮大工ですが、上記の理由から水車(写真3－5、3－6)や橋などの巨大な材を扱う仕事(写真3－7、3－8)にも手を染めているからです。小野棟梁はむしろ自身のことを「木匠」と称することで、宮大工という枠に収まることなく、木との対話を通じ、請け負った仕事を誠心誠意全うするのが自分の役割だと考えているのです。

　寺社仏閣は全国各地に存在するため、それらを造営し、修理する宮大工も各地に必要ですが、宮大工は減少の一途を辿りつつあります。そのため宮大工は一つの地域に留まって仕事をするのではなく、各地を渡り歩いて仕事をすることから、「渡り大工」とも呼ばれています。榛名神社の宮神輿を製作していた9カ月の間にも、工房には依頼された五重塔のパーツが置かれていました。神輿製作が一段落つくと、次の仕事のためにすぐに滋賀県へと向かっています。どうしても納期がある仕事が優先されますが、今取り組んでいる仕事が一段落すると、仕事の合間

写真3－5　ばんどうの湯　水車の車輪

写真3－6
ふれあい公園（渋川）内　水車の加工

写真3－7
安養寺　長さ6mの海老虹梁（ケヤキ）

を縫って他の仕事に手を付けるといったハードスケジュールの中、小野棟梁

は幾つもの請け負った仕事をこなしているのでした。

　今まで神輿を手掛けたことは一度もなかった小野棟梁ですが、神輿新調にあたり、1900（明治33）年に作られた旧神輿を始めて見た時の第一印象は、より良いものが作れるのではないかという直観でした。中途半端なものを残したくない、後世の手本となるものを造りたいと考えたといいます。対象物によっては、それを一度ばらして、どう組んでいったのかを学び、再現することもあります。今回の旧神輿を解体することはできませんでしたが、宮大工を目指した当初から変わることのない「なんとしてでも納める」という使命感を持ち、令和の神輿を完成させました。

写真３−８
会津若松城の橋の梁材を加工

３−４　宮大工の道具と技

　宮大工が扱う木材は、一つ一つが異なる性状を持ちますので、それらを組み合わせて加工することは一筋縄ではいきません。山の尾根や谷などどこで育ったかによって、木の性質も変わっていきます。複雑だからこそ、モノを単なる無機的な物質と捉えるのではなく、「イキモノ」としてとらえ、材が持つ手触りや質感等を理解し、それぞれの部材に相応しい加工を行うことが重要です。材を加工するのに必要なのは道具です。近代化に伴い、建設業界でも機械化が進み、大量生産・消費が徳とうたわれ、手仕事における道具の重要性は軽視されつつあります。強さ、美しさを備え持つ木だからこそ繊細な扱い、加工が必要です。道具は、木と宮大工の対話における通訳者です。

３−４−１　大工の道具

　宮大工の使う道具は、精微さが要求される社寺建築において髪の毛の一本の違いが大きな狂いになってしまうため、圧倒的に数が多く、多種多様です。

市販されている工具をそのまま使うことはまずなく、仕事の内容に応じて自分で調整してから作業を始めます。請け負った仕事により、用いる木材の性質も変わり、それに対する道具の目立ての仕方も変わり、刃の角度や台のならし具合も変わります。さらには刃の研ぎ方、それに伴う砥石までもが変わってくるのです。

　スケールの小さな神輿になると、それを構成する部材も小さくなり、加工するにも細心の注意を払わなければなりません。特筆すべき道具の一つは鉋です。鉋は主に建築部材の仕上げまたは造作に用いられますが、その多様な部材の加工に応じて鉋の種類も分化していきます。五徳鉋と呼ばれる、使い方が平鉋、左右の際鉋、左右の脇取りの五つの機能を持つものや（写真3－9）、

隅（蟻形）を綺麗に仕上げる作里鉋（写真3－10）、鳥居の曲線等に用いた竿鉋等（写真3－11）です。またこれらの「台鉋」とは変わって、槍鉋という昨今見慣れない鉋も存在します（写真3－12）。台鉋は室町時代以降の比較的新しい鉋の形であり、それまで木材の表面を平滑に仕上げる工程は、専ら槍鉋が担っていました。槍鉋はその名の通り槍のような形状を持ち、斧で木材を斫り、手斧である程度ならした後、穂先の刃によって木を削っていきます。西岡常一氏が復元したことで知られています。台鉋と違い、削った後の木屑は螺旋を描くような形状を持ち、完全に平な面というよりは、さざなみのような表面を描く特徴を持ちます。

写真3－9　五徳鉋

写真3－10　作里鉋

写真3－11　竿鉋

写真3－12　槍鉋

　千年以上も前からの手仕事を継承する宮大
工は、神社仏閣を始め様々な知識・技が求め
られます。依頼される仕事量は変化すること
はなく、手仕事の良さを十分に理解しながら
も、現代のほとんどの宮大工は電動工具を取
り入れることで、ある程度、作業の合理化を
図っています。小野棟梁も電動工具を取り入
れていますが、手道具のように電動工具をも
作業内容に合わせ、加工してしまうのです。
例えば水平面となる鉄板（ベース）を加工し
た電動鉋（写真3－13）。これにより鉋刃の
出方を調整し、手道具では賄いきれない大き

写真3－13　細工された電動工具

な材を加工する際、効率的に作業することを可能にしました。省力化・合理
化を余儀なくされる現代の中でも、こうして機械にも手を加えることで、手
仕事の重要性を忘れない姿勢が見られます。

　設計図となる板図を描くのに必要とされる墨壺は、今では希少的な存在に
なってしまったと小野棟梁は嘆きますが、昔は大工道具の三種の神器の一つ
でした。小野棟梁の墨壺は百年以上使われているものを譲り受けたそうです
（写真3－14）。それ自体が工芸品です。墨壺といってもプラスチック製を

写真３−１４　歴史を刻んだ墨壺

写真３−１５
多様な線を生み出す墨打ち

使っている職人もいますが、本来それは、い
つも湿り気をもっていることもあり、堅いケ
ヤキ材でできています。墨壺の基本的な使い
方は、壺の部分に墨を含んだ綿が入っていて、糸車に巻き取られている糸を
ピンと張り、糸の先についている「かるこ」を木材に刺して、糸をはじくこ
とで材木に直線を付けます。直線を付けるためのものと思っていましたが、
実は糸を引っ張りながら指先でよじることで、微妙な曲線を意識的に付ける
こともできることを小野さんは実演してくださいました（写真３−１５）。近
頃では一定量でインクが出るボールペンで墨引きが行われることもあるよう
です。

３−４−２　道具の手入れ

　「刃を研ぐことから仕事が始まる」と言われるほど、道具の手入れは基本
中の基本です。法隆寺大工の西岡常一氏の本を読んで、刃を研ぐことの大切
さが心に残りました。切れない刃を使うと、けば立つように木材表面が荒れ
て、すぐ水分が侵入してかびてしまうのに対して、西岡棟梁の刃でけずると、
木の繊維をスパッと断ち切り、蠅も滑ってしまうというくだりがありました。
手入れに仕事に対する思い入れが現れ、宮大工にとっての道具は単なる物質、
補助的役割の意味ではないことが理解できます。その意味でも、宮大工にと

っての道具及びそれらの手入れは、無くては成立しない「手仕事」の一つです。

　小野棟梁自身、宮大工を目指した時から今まで刃を研ぐことを怠ったことはなく、仕事が終わった後、明日の仕事に向け道具を最高の状態へと仕上げていくことの重要性を説いていました。棟梁の大工道具を実際に見せていただくと、使い込まれた鉋や手斧の台は古びて、所々擦り減っていますが、その刃は煌々と光るほどに研がれ、愛用品という域を超え、道具に対する敬意が表れています。手先だけで刃を砥石の上でスライドさせるのではなく、片膝をつき、体全体を使い、研ぐ角度や力の入れ具合を調整しながら刃を研ぐことを実演していただきました。見習いは刃を研ぐことができるまで木に触れることはできない程、宮大工にとって必要不可欠なものですが、小野棟梁はこの作業を今日も続けています（写真 3 − 16）。刃を持ち上げると砥石が刃に密着して吸い付いてくる程です。30 年ほど前に初めて棟梁が使った鑿は、使いすぎて刃がほとんどない状態ですが、今なお大事に使っています(写真 3 − 17)。

写真 3 − 16　刃を研ぐ

写真 3 − 17　使い続けたのみ（左）と
　　　　　　同型の新品（右）

3−4−3　宮大工の技と知恵

　社寺では「木割術」と呼ばれる、寸法を読む基準が存在しますが、日本の伝統建築の美しさは細部の美と全体の美から構成されていることから、定め

られた中での形式を保っています。その形式美をもつ社寺建築において、全体及び細部のプロポーションは、対比あるいは調和、安定という意味でも非常に重要になってくるのです。そのため木割という体系が必要になってきます。榛名神社神輿も木割術が用いられ、四本柱のスパンが決まり、他部材の寸法も自動的に決まっていきます。また宮大工を語るうえで忘れてはいけない規矩術は、部材の継ぎ手や仕口、また屋根・軒の反り型等の作図法であり、宮大工技術の心髄です。軒周りのデザインは一人前の職人でも苦戦を強いられます。小野棟梁はこの規矩術を用いて神輿屋根における柔らかな曲線も生み出し、綺麗に一枚の木材でできていると錯覚してしまうほど揃っています。桁上端と木負下端、木負上端と茅負下端の反りは宮大工の腕の良さを語っています（写真3-18）。独学で宮大工の技を習得した小野棟梁ですが、かねてより頭の中で立体を構成する力に長けており、平面図一枚だけで全体のイメージができるその才能は、社寺建築の複雑な構成を自力で習得した理由にも納得がいきます。

写真3-18　軒の詳細

3−4−4　技の継承

　小野棟梁は、宮大工は養成学校に―勿論そのような学校はありませんが―通ったからなれるものではなく、なりたいという気持ちと熱意が重要なのだと語っています。当初自分に技量はなく、熱意だけでここまで来ました。しかし熱意がなければ技量は付いてこなかったことを改めて感じていると言います。宮大工が長年積み重ねてきた技を他人に口外することはなく、手取り足取り教えてもらえない世界であるがゆえに、厳しさに耐えられずやめていく若い子をたくさん見てきた。その中で常にアンテナを張り、どうしたら宮大工になれるかということを、手探りでも追い続けることは宮大工を目指す上で大切なことだといいます。また宮大工だから伝統技法に固執しているわけではなく、先端技術にも人一倍関心をもっています。建築業界ではCADやBIM技術を取り込んでいるわけですが、巨大なスケールの物件でも画面で表現することは可能であり、CADの使用によって、施工の効率化、共同作業の迅速化が見込めるとのことです。

　棟梁には目下、一人の弟子がいますが、ある程度の段取りを棟梁が仕上げたら、残りの作業は弟子に任せることもあるそうで、師弟における信頼関係により、宮大工という特殊な技能職であるがゆえに、時間の調整が難しい仕事も成立しているのではないでしょうか。

　また「ものつくりすべてに言えることですが、宮大工においても、人間関係は重要です。宮大工は今日、希少的存在であることは確かですが、社寺建築の解体、修理という仕事は途切れることなく、現場で知り合った人々、評価してくれる人たちとの縁を大事にしていかなければならない」と、棟梁は語っています（写真3−19）。「このたびの大嘗宮の造営もそのようなご縁がもたらしたものでしょう。自分が今現在も仕事ができるのは人との出会いのおかげであり、出会った人たちに感謝は堪えません。」私が今回の神輿の製作を通じて、宮大工の仕事の一端を世に知らしめたいということも、一期一会がなせる業なのでしょう。

写真3−19　小野棟梁

4章　宮神輿の精神―祭りに託すこと

4－1　沼田祇園祭「おぎょん」

　令和になった昨年も、いつもの通り8月3日早朝、榛名神社にて、神璽奉還神輿発幸祭が執り行われ、榛名大神の神璽に神輿へ御遷りいただき、渡御が始まりました。いつもは神社に鎮まる大神が、自ら神輿に乗り、氏子の家々をお渡りいただく神事です。その日の午後3時半頃、材木町の交差点で待っていますと、人形を飾り、お囃子をつけて曳行するまんど（山車）が集結してきて整然と並び（写真4－1）、しばらくすると柳町のほうから、新しい宮神輿が午後の光にきらめきながら、だんだん近づいてきました。その勇壮さは感動的であり（写真4－2）、奉賛会の皆さんの誇

写真4－1　材木町に集結する山車

らしげな気持ちが伝わってきます。先導役のまんどに迎え入れられ、それからおよそ2時間半をかけて町を祓い清めていきました（写真4－3）。渡御をすませると、仮宮（お旅所）で、仮宮着御祭が執り行われます（写真4－4）。

　8月4日はお旅所の神輿の御神前にて、恒例大祭がとりおこなわれ、氏子の繁栄と世界の平和が祈られます。両社の神輿の渡御はありませんが、一般の参拝を受けられます。

　次の8月5日は、お旅所から神輿を神社へ御戻しする、還御の日です。夕方に神輿の錺金具をはずし、さらしをまきつけた後、お旅所を発

写真4－2
柳町通りからやってくる新神輿

幸した神輿は、お祭り広場、歩行者天国を一周し、旧市役所前のお祭り広場

写真4-3
神輿の渡御（材木町へ向かって）

写真4-4　御旅所に到着

で、須賀神社神輿との競演（写真4-5）、氏子区域各町の山車との共演をします。そして榛名坂を下り、大鳥居をくぐり、参道を進み、境内でひとしきりもんだ後に、神輿の横棒をはずし、一気に社殿へ入っていき、社内に納められます。その後本殿着御祭が執り行

写真4-5　8月5日夜の競演
左：須賀神社神輿　右：榛名神社神輿

われ、宮司により神璽が再び本殿の高御座へ安置され、当番町代表による万歳三唱をもって、沼田祇園祭は終了しました。

　このことは、榛名神社側から見た祭りの流れであり、中町に現在する須賀神社にも同様の進行があり、宮神輿がかつがれ、氏子区域を渡御します。第17代宮司の金子安平氏の回想では、1970（昭和45）年からの「沼田まつり」以前には、両神社のお神輿が仲良く並んで沼田中、全部を練り回ったと語られています（『思ひでのことども』）。氏子の区域に応じてどちらかの神社の神輿が先に立つという麗しい光景だったそうです。今よりはスケジュール管理もゆるく、偶発的にゆずりあいは生じたかもしれません。歩行者の安全の問題などがあったのかもしれませんが、現在の進行においては、両神社の宮

神輿がすれ違わないようにしています。5日の夕べにお祭り広場で両者が出会い、競演するのです。それはそれで、あたかも七夕祭りの織姫と牽牛の出会いの粋な演出にも思えます。全国のお祭りを調べたわけではありませんが、二つの神社の神輿がそれぞれの役割を演じつつ、最後に競演することは珍しいことではないでしょうか。

　二つの神社による合同のお祭りは、『読む年表　利根沼田の歴史』によれば、1881（明治14）年から始まりました。須賀神社主体の祭事に対して榛名神社が協力を惜しまず、町全体の発展を期待してのことと思われます。その当時は8月25〜27日に開催されていました。1905（明治38）年から現行の8月3〜5日に開催されています。しかし以前は、榛名神社と須賀神社の祭りは別々に行われていました。1872（明治5）年、この年は氏子分けがなされた時ですが、榛名神社は倉内町にお旅所を設置し9月13〜15日に、須賀神社は下之町の天王石をお旅所として10月15〜17日に開催されていました。太陽暦に変わる直前ですから、現実的には秋から冬にかけてのお祭りともいえましょう。さらに江戸時代にさかのぼりますと、須賀神社の前身である牛頭天王宮のお祭りとしての祇園祭りは6月24〜26日に開催されていました。明治以前は太陰太陽暦を使っており、現在の太陽暦との関係を考えると、祝祭の日程の意義を考えることは容易ではありません。祝祭は自然の恵みへの感謝を一義的としつつも、冬の祭、夏の祭と季節に応じた意味をもっており、人間のご都合で決めるわけにはいかず、開催時期は本来どうでもいいことではありません。

　ところで本書は榛名神社の宮神輿の誕生の話ですので、須賀神社の神輿はここまで登場しませんでしたが、後者の存在も上記の意味でまったく言及しないわけにはいきません。しかも須賀神社には神輿が二基あり、「一の宮」、「二の宮」と呼ば

写真4-6　須賀神社神輿
（左：二の宮、右：一の宮）

れています（写真4－6）。前者は1878（明治11）年に新造され漆塗り仕上げで豪華絢爛であり、渡御に用いられています。「飾り神輿（隠居神輿）」とも呼ばれています。後者は1925（大正14）年に製作され素木仕上げで簡素であり、三日目の揉み用、競演に用いられています。「本神輿」とも呼ばれています。神社によっては祭神に応じて神輿が分けられているところもあるようですが、仕様の異なる神輿が二つ存在する理由ははっきりしません。幸いなことにこの前者の宮神輿の絵図面は残っており、今回の新神輿製作においても参照させていただきました。延屋根のすっきりとしたラインはそれゆえ新神輿にも生かされているように見えます。その意味で外見上はどことなく似ているそれぞれの神輿ですが、それぞれの神社はそれぞれの固有の歴史と祭神をもち、それゆえその神輿の意味も異なってくることが考えられます。以下、両神社の由来を概略しつつ、「意味の担い手」としての神輿を考える上で重要と思われる近世の史的事実をいくつか押さえておきたいと思います。執筆に際しては、『沼田市史』、『読む年表 利根沼田の歴史』、『榛名神社社報』、『中町町誌』などを参照しました。

4－2　榛名大神の榛名神社

　『利根郡誌』によると「1255（建長7）年沼間を沼田と改むること、榛名宮は沼田郷総鎮守様に候」とあります。榛名神社が沼田地方では総鎮守として崇敬されていたことをそれは意味します。1290年にはすでに「鐘」に榛名神社の銘文が刻まれていたという記録もあることから、由緒的には鎌倉時代、あるいはさらにそれ以前にまで遡ることができるわけですが、戦国時代に注目してみると、興味深い事実が浮かび上がります。

　現在の沼田公園として整備されているところにあった沼田城は、戦国時代には沼田氏の居城として、江戸時代には真田氏の居城として知られています。北関東の交通の要衝であり、軍事的にも重要な拠点と考えられていたからです。沼田城の築城に至る上ではしかし、いくつかの変遷がありました。沼田万鬼斎顕泰は1519（永正16）年に幕岩城（現・柳町あたり）を築城し、

　顕泰の奥方は、箕輪城主長野業政の息女であり、嫁入りとともに、自分の産土神でもある榛名大明神（埴山姫命）を幕岩城二の丸に勧請しました。自分の信じてきた神様にそばについていてほしいと願うことはよく理解できます。

　幕岩城では地形に基づく水不足の問題があり、また夢のお告げを経て、顕泰は幕岩城の 13 年後、1530（享禄 3）年に、倉内城の築城を発意します。3 年後の 1532（天文元）年に城を完成させています。現在の沼田公園内です。この城は守るに易く、攻めるに難い無双の名城であったそうです。その城地には、沼田一帯の総鎮守である、父と仰がれていた武尊山に由来する石のご神体として宝高大明神（倭建命）が鎮座されていました。その地霊に自身があやかろうとしたのでしょうか。その社地にお城を建てることにしたため、その台地の直下に位置する、薄根川左岸（現在の榛名神社の地）に宝高大明神を遷座することにしました。そこは根岸と呼ばれ、沼田の里の草分けの地です。そこには薄根大明神（菅原道真命）が鎮座され「天神の杜」と呼ばれ崇敬を受けていました。幕岩城にあった榛名大明神もあわせて遷座し、宝高大明神と併せて三柱の神社に生成していきます。その後薄根大明神は「榛名満行大権現」と称され、1869（明治 2）年に「榛名神社」と呼ばれるにいたりました。なお 1908（明治 41）年にお諏訪様（諏訪宮）（建御名方命）が合祀され、四柱の神様全体が「榛名さま」です。一柱の祭神だけが祀ってあるとは限らず、たいてい複数なのです。

　この三柱の霊力はそれぞれ特徴的であり、人間の魂を育む神的存在であると思えます。埴山姫命は五穀豊穣の神様、養蚕の神様、商売の神様として知られています。箕輪城主の娘の産土神であることも考慮するならば、豊かな恵みによって心の平安と幸せをもたらす人間の「感情」を育む存在といえるでしょう。倭建命は、景行天皇の子として知られています。『古事記』と『日本書紀』ではルートが異なるものの、草薙剣をもち各地を平定した英雄的存在です。武尊山と結ばれつつ、勇気をもって敵に立ち向かう、人間の「意志」の象徴とみなすことができるでしょう。薄根大明神は武尊山に源流をもつ薄

根川のほとりに鎮座する菅原道真命です。いうまでもなく学問の神様、天神さまとして知られていることから人間の「思考」の力を育む存在です。つまり、三柱は人間の魂の力—思考、感情、意志—別の表現では知・情・意を育む存在であり、神輿に神璽が御遷りになり、氏子をめぐるとは、人間が考え、感じ、意志するという、人間らしく生きることへの励ましともいえるでしょう。このことは既出の17代宮司金子安平氏が、皇室に関わる「三種の神器」についてのお話のなかで、鏡と勾玉と剣の宝物は、神話的世界の象徴に留まることなく、人間の三つの道徳心—知（知恵）と仁（仁義）と勇（勇気）に相応するものであると説いておられることと重なることです。

　なお森田玲氏は『日本の祭りと神賑』において、神幸の様式を「ミアレ型」、「ミソギ型」、「オイデ型」に大別し、神様との向き合い方がその出自によって異なることを説いています。「ミアレ型」とは、神が降誕する御生（ミアレ）の地から、神威の再生のために神を社に迎える形式を指し（例：葵祭）、「ミソギ型」とは、怨霊などの祟り神を水辺の禊ぎ（ミソギ）場に送り、氏子とともに禊祓する形式を指し（例：祇園祭）、「オイデ」型とは、氏地内にお旅所を設けて、神との交歓のために御出（オイデ）を乞う形式を指しています。その論に従うのであれば、榛名神社の場合、神璽の渡御を、感謝をもって人々は待ちわび、御出でになることを喜び、榛名様の教えを受けた後、また神社にお送りする「オイデ型」の神幸祭といえるでしょう。

４－３　牛頭天王の須賀神社

　沼田市中町に鎮座する須賀神社も同様に長い歴史を生き抜き、人々の尊敬を受け、また人々を救済してきました。須賀神社はもともと主神、牛頭天王（ごずてんのう）（素戔嗚命（すさのおのみこと）・穂高見命（ほたかみのみこと））を祭神とする、祇園信仰の神社です。釈迦の生誕地に因む祇園精舎の守護神であるとされていたので、祇園神とも呼ばれていました。京都の八坂神社祇園祭に端を発して、須賀神社の夏祭りが沼田祇園祭（おぎょん）と呼ばれるようになりました。全国の須賀神社の例にもれず、沼田の須賀神社も明治の神仏分離まで仏教的な名称として「牛頭天王社（宮）」、

親しみをもって「天王さま」と呼ばれていたとのことです。昔は本町と称する上之町、中町、下之町の氏子が中心になって祭りを実施し、やがて全町の祭典として、神輿、山車の渡御が行われました。

　創建には諸説があるようですが、榛名神社同様の戦国時代に注目してみると、16世紀に沼田の町は城下町として形成されていく事実がみえてきます。河岸段丘の形成過程から生まれてきた近世以前の沼田台地は、台地であるがゆえに良水の安定的な供給／確保が難しく、人が住むには適さない環境でした。すでに記したように1529（享禄2）年、沼田万鬼斎顕泰は倉内城の築城を開始するとともに、用水工事も行い、白沢川から取水し、倉内城まで引水したことによって（城堀川用水）、城下町の形成への端緒についたということです。ですから顕泰による町づくりの過程で、沼須にたっていた市を沼田台地へ移す時に、現在の鍛冶町に市の神としての牛頭天王を勧請したという一説は、それなりに納得できることです。その後1606（慶長11）年に真田信之が町の大改造に乗り出し、現在の中町に天王宮を遷座し、その跡に「天王石」が置かれました。その霊力をもって、「御旅所」という祭場の役割を果たすようになりました。

　いずれにせよ渇水や増水により、特に夏に流行する伝染病は多数の死者を出す最大の悪疫と恐れられ、被害は深刻でした。ひとたびはやり病が起これば、神に祈るしか手はなかったであろうことは容易に想像できます。須賀神社の神輿の総町廻りは、災いを追い払い、悪病神を退散させるという第一の意味があり、中町、鍛冶町、下之町、上之町、坊新田町、馬喰町の各町内では神輿の渡御に対して屋台、お囃子、手踊り、芝居、競馬などの催し物の付祭りで迎えました。興味深いことは、神輿の巡幸の際には、すべての町役人、百姓代が正装して神輿に付き添って城内に入ることが許されていた、ということです。簡単に言えば、牛頭天王宮（須賀神社）は町の経済的中心に位置し、疫病をはらいつつ商売繁盛を願う人々の気持ちに親しく寄り添うものだったのでしょう。そこに都市文化の力があります。

　既述の森田氏の論に従えば、江戸時代から行われてきた祇園祭りは牛頭天

王宮の祭礼ですから、氏子をまわり、疫病や悪霊を鎮めるという進行に対して「ミソギ型」を指摘することは妥当でしょう。最終日に神輿が城内にはいることは、お殿様に御覧いただく意と理解されますが、新たに城内にまで引き込まれた用水の水の霊力によって穢れを流すという願いもあったのかもしれません。物的確証はありませんが、神輿に託されたのではないでしょうか。

　今日でも、須賀神社神輿は競演が終わった後、神社境内で時が経つのも忘れてもみ合いをするという意味においては、「荒ぶる神」としての素戔嗚の勇ましい精神が今なお息づいているようです。1925（大正14）年の祭り最終日に揉み壊され、新たに製作された事実がそれを物語っています。榛名神社の神輿はそれに対して競演の後、榛名坂をくだり、神社に還幸するという榛名大神の端正な美しさを醸し出しています。現在の「競演」という祭りの演出が、本来あるべき姿なのか判断することは難しいものの、対極的な性格を帯びた神輿がお互いを引き寄せることは自然なことのようにも思われます。6ｍ近い担ぎ棒による神輿が接近しながら絡み合うことは実は大変なことです。しかし令和最初の競演においては、互いの呼吸がピタリと合って見事な出会いが生まれました。

4－4　神璽と「無」としての空間

　今年（2019年）も12月17日の真夜中、奈良の春日若宮おん祭りが行われました（写真4－7）。千年近くも続く神事です。春日大社内の若宮神社から闇夜に神璽が神輿に御遷りになり、仮の社殿である御旅所まで渡御されるのです（「遷幸の儀」）。このお旅所の社は、草で覆ったかのような姿を呈し、毎年このためにつくり、終わると取りこわします。社は屋代とも書き、清められた場所を意味し、神さまが来

写真4－7　春日大社若宮おんまつり

臨され、祭りが終われば帰られるという、初源的な神さまとの関係を今日に伝えていると考えられます。なるほど、ここには物体としての神輿はありません。松明の先導で地を清めつつ、神職たちは榊の枝をもって後に続きます。神霊は榊に依りつくからですが、榊に隠され、あるいは榊に守られ渡御されているかのように見えました。その後、お旅所で日本の芸能の原型とされる舞や田楽などが奉じられ、その日の内に再び闇夜の中を若宮神社へ帰っていきます。

　祭祀、祭礼の形は多様なれども、その原点としては、五穀豊穣への感謝と祈りであり、商売繁盛への祈りであり、疫病退散への祈りであり、生命の死と再生への祈りであったことでしょう。自然の不思議は神のなせる業であり、神々の存在を身近に感じながら、この地上で生かされていることを今よりはるかにリアルに感じていたでしょう。初詣がその典型であるように、ふだん人々は神社に出向いていき、鳥居をくぐり、拝殿にぬかずきます。建築業界では今でも、地鎮祭で神様をお招きして、捧げものをしながら、大地を汚すこと（建設すること）の御許しを願います。お寺であれば、祈りを奉げるその先には仏像があるのに、神社の拝殿を見る眼差しの先には神璽が—それは神が宿る自然としての巨岩、巨石、背後の山そのものだったりします—祀られていますが、そこには「無」があるのみです。無が在るというのも不思議な表現ですが、物体としては存在していないけれども、神が宿る目にみえない空間があるということです。ご神体ということばが良く使われますが、物質としての肉体をもっているわけではないという意味で、本書では神璽（神様のしるし）ということばが用いられています。お祭りの間にはそして、神様がその神社から神輿にお乗りになり、町に出られて、人々の生活をご覧になるのです。

　現代において「空間」や「時間」ほど、抽象的な概念はありません。x軸、y軸、z軸の三次元とユークリッド数学として表現したり、哲学的には、我々が外界を認識する際の、主観の側の条件としての「直観形式」であると考えたカントなど、枚挙に暇がありません。オーストリアの思想家ルドルフ・シ

ュタイナー（1861—1925）は、遠い古の人々は空間を極めて内的にリアルに体験し感じていたと論じています。「人は下から上方へ向けて成長しつつ、宇宙の知性に参画できることを通じて、彼は自己自身を知的であると感じたのです。（中略）右と左への参加、静かに立って世界を見通す彼の態度は、宇宙の感情と結ばれていることでもありました。（中略）人が空間を前と後ろへ歩むことは、宇宙の意志へ自己自身の意志とともに自己を投入することなのです。」難解な内容ですが、私という存在がこの地上に生きるということは、まさに空間の「三位一体」に生きることです。三位一体はキリスト教で使われる父と子と聖霊としての表現ですが、あえてこの言葉を用いるのは、神輿における堂の「無」としての空間は、依り代といわれる神の宿る、あるいは隠れ住まう場所であり、神の体＝神璽の証しをもって、ミクロコスモスとしての人間の思考、感情、意志をマクロコスモスとしての宇宙の思考、感情、意志に結びつけることが願われたことを表現するためなのです。神輿は基本的に前進あるのみ、という意味で、極めて意志的存在です。しかし担ぎつつ上下にも左右にも揺れることで、目に見えない存在と結ばれていくのです。人間が住まう室内は、住まい方の趣向や、ときに設計者のエゴイズムが投影されていますが、神輿の堂内の空間は本来、宇宙を取りこむためにのみ存在するものでなければなりません。

　8月3日、神輿が賑々しく渡御するなか、神輿に静かに手を合わせているご高齢の方の姿が目にとまりました。30年以上前ですが、ドイツから芸術家のご夫婦が来日され、数日関西をご案内したときのことが甦りました。あらゆる日本の文化・芸術に関心を示しながら、あるとき、日本の若い人の信仰心はいかなるものかを問われたのです。ヨーロッパでは毎日曜日に教会に行くという、わかりやすい信仰の表明がみられるのだが、と。私たちは明快な行動を示すわけではないことを伝えつつも、例えば親の真似をしながら仏壇にお線香を焚いて、ご先祖様に手をあわせるという習慣を話しました。ドイツからのご夫婦は、惰性で教会に行っても意味はないけれども、しかし、崇高な存在に手を合わせながら「仰ぎみる」行為こそ大切であることを情熱

的に話されていました。

　祭りの日は常の日と違うことを子どもたちは大きな興味をもって観察しています。そこには文字にはならない生きた「経典」のようなものがあると思います。ですから、私たちが時代の流れのなかで神輿に託してきたことを想起しつつ、その意味を受け継ぐこと、語り継ぐことが、祭りを通して個人の進化のために、そして共同体の更新と発展のために必要なことなのです。

写真４－８　８月３日沼田祇園祭

おわりに

　本書は、沼田市の榛名神社の宮神輿が新たに生まれるという、本書を編むことの契機を述べ（1章）、神輿の意匠と構造という物質面から考察し（2章）、神輿に込められた宮大工の技と思いを考察し（3章）、そして神輿を生み出した神社の由来と祭りの意義を明らかにしつつ（4章）、令和の神輿の誕生物語をまとめるささやかな試みです。本書は学術論文のように引用の出典は細かく示してはいませんが、巻末の参考文献に依拠していることを申し添えます。

　何人もの氏子たちが交代しながら神輿をかついで各町を練り歩きます。神幸の途中、時に上下に激しく、荒々しく神輿をゆらし、ご神体はその騒ぎを楽しまれます。神さまの霊威を高めるための「魂振り」と呼ばれるものです。金子安平氏によれば、みこしかつぎの勇ましく、神々しい掛声は本来「ワッショイワッショイ」でなければならないといいます。なぜならこれは「和し背負い」の訛りで、「皆で和し合い背負う」の意味だからです（榛名神社社報／昭和58年7月1日）。かつて共同体の統合の儀式として、祭りは機能しました。神事として祈りがこめられていました。都市が生成発展していくなかで、宗教性は建前となり、山車の曳行や芸能の披露といった、娯楽的な祭りの「賑わい」が前面にでてくるようになりました。祭りはもはや楽しいイベントとしか認識されないことが多いでしょう。しかし祭りの本来もつ厳粛な気分を真摯に受け止めることも重要であることが神輿の考察を通して明らかになりました。

　学生時代の頃、奈良に足しげく通う機会があり、あるとき、鵤工舎に法隆寺の宮大工、西岡棟梁の最後の弟子としてその技を受け継ぐ小川三男棟梁を訪ねることができました。どのような話をしたかは覚えていませんが、製図板に寺社の立面図が貼られていて、その屋根のカーブの美しさ、触ったら血がほとばしりでるかのようなシャープな線に心打たれました。その瞬間を今も思いだします。そしてそのカーブは、自ら木を削りだしてつくった木製の定規であり、その曲線の緊張感と迷いなき潔さに感服したのです。必要なものは、自分でつくるという人間の原点にも気付かされました。ただ神輿が新調されただけであれば、本書をつくる必要はなかったでしょう。「宮大工へ

の道」（3章）にありますように、本書は、宮大工小野康博さんの存在がなければ、そもそも生まれることはありませんでした。何度もお話を伺わせていただき、ときには実演などを交えて道具の説明をしていただくこともありました。ここに感謝申し上げます。数枚の板図だけで、どんどん組み上げていく生き生きとしたものづくりの様子に、30年前の小川さんとの出会いが甦りました。小野棟梁の仕事は請われることによって全国に及んでいますが、群馬県内でのさらなる仕事が期待されます。

　今回この神輿との機会を与えて下さった沼田市鞍城建設の石坂孝司社長に感謝申し上げます。自ら伝統構法での住まいづくりを心がけており、住まいづくりの考えかたにおける相互の共感と信頼がなければ、このプロジェクトは始まらなかったでしょう。また写真データ提供、資料検索など様々な便宜をはかっていただいた同スタッフの秋山静さんに感謝申し上げます。神社の由来や神輿の意味についてご教授いただいた榛名神社の宮司金子由紀子様に感謝申し上げます。訪れるたびに榛名神社に流れる凛とした気に背筋が伸びる思いです。また榛名神社神輿奉賛会会長の須田恭弘氏をはじめ奉賛会の皆様に感謝申し上げます（写真5−1）。神輿を転がしてしまうほどの荒っぽい昔の祭りの様子を伺うなかで、時代が移ろいつつも息づくお祭りへの愛情が見えてきました。

　本書は令和元年度、前橋工科大学地域活性化事業に採択されたことを契機として生まれました。出版を後押ししていただき、素晴らしい序文をお寄せくださった前橋工科大学学長星和彦先生に感謝申し上げます（石川恒夫）。

写真5−1　榛名神社神輿完成奉告祭　令和元年6月9日

参考文献 （順不同）

金子安平『思ひでのことども〜沼田聞書帖　新・日暮硯』私家版（2000）

『榛名神社社報』（昭和 57 年から令和元年までの社報を閲覧できる）
　　http://harunanomori.org/harunajinjya/070_syahou.html

宮本卯之助『神輿大全』誠文堂新光社（2011）

手中正『宮大工の技術と伝統 - 神輿と明王太郎』東京美術（1996）

武井豊治『古建築辞典』理工学社（1994）

森田玲『日本の祭と神賑』創元社（2015）

NHK「ブラタモリ」制作班（著・監修）『ブラタモリ（2）富士山 東京駅 真田丸スペシ
　　ャル（上田・沼田）』角川書店（2016）

村松貞次郎『大工道具の歴史』岩波新書（1973）

松浦昭次『宮大工千年の「手と技」』祥伝社（2001）

金子蘆城『読む年表 利根沼田の歴史』上毛新聞社（2016）

久保田裕道『日本の祭り解剖図巻』株式会社エクスナレッジ（2018）

平藤喜久子『日本の神様解剖図巻』株式会社エクスナレッジ（2018）

白川静『字統』平凡社（1994）

Rudolf Steiner: Die Polarität von Dauer und Entwickelung im Menschenleben-
Die kosmische Vorgeschichte der Menschheit（GA184）1918 年 9 月 20 日の講演より

西岡常一『木に学べ　法隆寺・薬師寺の美』小学館（2003）

折口信夫『古代研究 1—祭りの発生』中公クラシックス（2002）

『沼田市史』資料編 1 〜 3　沼田市史編さん委員会編（1995 〜 1998）

『沼田市史』通史編 1 〜 3　沼田市史編さん委員会編（2000 〜 2002）

『沼田市史』民俗編　沼田市史編さん委員会編（1998）

『沼田町史』沼田町史編纂委員會（1952）

「中町々誌」中町々誌刊行委員会（1996）

柳田国男『日本の祭』角川ソフィア文庫（2013、初版 1969）

写真出典

石川研究室（石川恒夫、平栁利英）

1-1，1-2，1-5，1-8，1-9，2-1，2-2，2-7，2-11，2-13，2-14，2-16，3-1，3-2，3-4，3-9，
3-10，3-11，3-12，3-13，3-14，3-15，3-17，3-19，4-1，4-2，4-3，4-4，4-7，4-8

有限会社鞍城建設（石坂孝司、石坂辰郎、秋山静）

1-3，1-4，1-6，1-7，2-3，2-4，2-8，2-9，2-12，2-15，2-20，3-16，3-18，4-5，4-6，5-1

勾匠社寺建築（小野康博）

2-5，2-6，2-10，2-13，2-17，3-3，3-5，3-6，3-7，3-8

株式会社らんまの大橋（渡邉克之）

2-18，2-19

榛名神社　口絵（神輿全景）

石川恒夫（いしかわ・つねお）

1962 年東京生まれ。早稲田大学大学院修士課程修了。
1991 ～ 93 年ミュンヘン工科大学（ドイツ学術交流会奨学金による研究留学）
1997 年前橋工科大学建築学科 専任講師。2012 年より同大学教授。
専門は建築論、建築意匠。博士（工学）。一級建築士。Baubiologe IBN（Germany）。
作品に八幡幼稚園（2011、第 7 回木の建築賞大賞）、通り土間をもつ家（S 邸）（2017、
第 5 回埼玉県環境住宅賞 審査委員長特別賞）など。
著書に「様式の生成―19 世紀ドイツ建築論における『様式統合』理念に関する研究」
中央公論美術出版社（2017）、「『版築』－今甦る、土の建築」上毛新聞社（2017）など。

平栁利英（ひらやなぎ・りえ）（3 章執筆）

1996 年東京生まれ。
前橋工科大学工学部建築学科卒業。
現在、前橋工科大学大学院建築学専攻在学
第 6 回関東学生景観デザインコンペティション（2019）佳作
専門は建築論・建築意匠。二級建築士。

木暮竜太（きぐれ・りゅうた）（図面・表紙作画）

1996 年群馬生まれ。
前橋工科大学工学部建築学科卒業。
現在、前橋工科大学大学院建築学専攻在学
専門は建築論・建築意匠。

前橋工科大学ブックレット 7

令和の神輿　誕生物語
－利根沼田の総鎮守　榛名神社の宮神輿－

2020 年 3 月 31 日　初版発行
著　　者：石川恒夫、平栁利英、木暮竜太
　　　　　〒 371-0816　群馬県前橋市上佐鳥町 460-1
　　　　　TEL ０２７－２６５－０１１１
発　　行：上毛新聞社事業局出版部
　　　　　〒 371-8666　前橋市古市町 1-50-21
　　　　　TEL ０２７－２５４－９９６６
　　　　　ⓒ Maebashi Institute of Technology 2020